LE GRAND LIVRE
DE LA DÉCORATION
INTÉRIEURE

LE GRAND LIVRE
DE LA DÉCORATION
INTÉRIEURE

Place des Victoires

AUTEUR
Francisco Asensio Cerver

DIRECTEUR DE L'OUVRAGE
Jordi Vigué

COLLABORATION SPÉCIALE
Pepa Poch

RÉDACTION
George W. O'Sullivan

ASSISTANTS DE RÉDACTION
Eduardo Margareto
Ingrid Bosch
Sharon Cagney
Esther de Puig
Andrés Llovera
Laura Fortuny

INTÉRIEURS ET STYLISME
Pepa Poch

ASSISTANTE STYLISME
Lala Rubio

PHOTOGRAPHIES
David Cardelús

COLLABORATIONS DIVERSES
Remedios Benavent
Elena Calderón
"Marie Claire"
Rubén Gómez
Sabina Rademacher
Cristina Rodriguez

DESSIN ET MAQUETTE
Etude graphique Arco

1998 © Arco Editorial

1999 © Éditions Place des Victoires
6, rue du Mail - 75002
pour l'édition en langue française

ISBN : 2-84459-013-6
Dépôt légal : 3e trimestre 1999
Imprimé par PARTENAIRES LIVRES

SOMMAIRE

Pour nos contemporains, constamment soumis aux pressions et au stress quotidien de la vie moderne et surtout du monde du travail, la maison doit constituer un refuge plein de calme, où la tranquillité, le repos, la sérénité et le bien-être aident à se détacher du monde et à se retrouver. Mais pour que cela soit possible, le logis ne doit pas être seulement une enceinte plus ou moins divisée par des cloisons, ses pièces doivent contenir ce «je ne sais quoi» qui les met en valeur et leur confère personnalité et charme. Il faut enfin qu'il soit pourvu de ces éléments qui nous renvoient notre image et nous procurent une sensation de bien-être. A tout cela, la décoration contribue de manière efficace et décisive. Ainsi, un chef-d'œuvre d'architecture mal décoré manquera de charme, sera un fiasco. Au contraire, une demeure discrète mais à la décoration réussie peut présenter un grand attrait et l'habiter être vraiment agréable.

Les paragraphes et les chapîtres de ce volume tentent de présenter, à la manière d'un kaléidoscope, une vision ample et plurielle de la décoration, en montrant des éléments décoratifs, en en suggérant d'autres et, surtout, en décrivant l'art de les choisir, de les placer et surtout de les adapter. Les thèmes ne sont pas traités de manière théorique mais se basent sur toutes sortes de réalisations concrètes et de styles différents, en provenance de divers pays du monde.

La plupart de ces intérieurs ont été créés par de grands professionnels contemporains (quelques intérieurs, dans certains cas, sont même les leurs) et aussi par des gens qui font preuve d'originalité et de goût en matière de décoration. Nous espérons pouvoir ainsi offrir ici un échantillonnage remarquable et varié qui va du loft dernier cri à la maison de campagne, du meuble design le plus «branché» à l'objet entièrement recyclé.

Cette œuvre propose mille idées pour que chacun puisse y trouver les suggestions ou solutions les mieux adaptées à ses goûts et à son budget. Voici quelques-uns des thèmes abordés :

• Peintures murales, tissus, toiles, bois et meubles.

• Salles de bains d'époque, robinetterie, sanitaires et matériaux.

• Goûts et couleurs dans la cuisine, comment ranger les aliments et la vaisselle.

• Carrelages de toutes sortes, styles et matériaux.

• Textiles et tapisseries, choix de textures et couleurs.

• Verres translucides, gravés, biseautés, etc.

• Diversité des sources d'éclairage, des lampes de larmes de cristal aux simples ampoules design.

• Sculptures de lumière, de bois, compositions florales éphémères.

• Espaces ouverts et niveaux multiples.

• Ordinateurs, bicyclettes, appareils électroménagers, etc., très fonctionnels et esthétiques.

• Comment tirer parti d'espaces mal conçus.

Cette liste, qui pourrait se prolonger substantiellement, constitue seulement un petit échantillon qui permettra de mesurer le grand intérêt de cette œuvre et l'aide qu'elle pourra apporter à toute personne qui s'intéresse au thème de la décoration. Nous croyons que rares sont les lecteurs qui ne trouveront pas dans ce livre de quoi les surprendre, les inspirer, leur montrer le chemin, les aider enfin à résoudre un problème concret.

Je pense et j'espère que chacun trouvera dans le contenu de ce livre ne serait-ce qu'un meuble, un vase en plastique, un simple objet ou une fleur qui s'harmonise avec un mur donné, c'est-à-dire une petite ou une grande solution qui servira à améliorer le confort et l'esthétique de son intérieur.

TECHNOLOGIE, ÉLÉGANCE ET MODERNISME

Le mode de vie imposé par l'époque actuelle a énormément changé par rapport à ce qu'il était il y a quelques années, non seulement au niveau esthétique mais aussi pratique. Les raisons en sont nombreuses et très diverses. Parmi les plus importantes se trouve la difficulté de se procurer un appartement dans les centres-villes et le prix élevé que l'on doit payer par mètre carré habitable. C'est pour cette raison que les citadins, surtout les jeunes, se sont déplacés vers la périphérie des villes en réhabilitant et en assainissant des quartiers auparavant semi-industriels ou industriels et qui étaient restés inhabités lorsque les industries avaient quitté la ville.

Le fait de devoir s'adapter à la décoration et à l'aménagement intérieur imposés par ces corps de bâtiments a lancé peu à peu une nouvelle mode et un nouveau concept de demeure, devenue désormais aussi bien le lieu que l'on habite qu'un lieu à décorer. De nos jours, on préfère les espaces plus grands et ouverts, où se déroulent toutes les activités de la maison, tâches domestiques et de la vie quotidienne. C'est-à-dire que ce sont des espaces polyvalents où l'on cuisine, on lit, on dort, on mange, etc.; même la salle de bains est parfois en partie intégrée, et seules les toilettes se situent dans un espace fermé.

Cette façon d'organiser la demeure répond à l'évolution d'un style de vie bien déterminé qui a entraîné un changement radical dans tout ce qui touche au mobilier, aux appareils électroménagers et à l'éclairage. Ainsi, les meubles doivent être légers, aux lignes très neutres et le plus polyvalents possible, puisqu'ils vont cohabiter avec toutes sortes de styles et d'objets. Par exemple, dans ce type de loft (c'est ainsi qu'on appelle ces pièces uniques), il est fréquent que la bibliothèque soit très grande et accueille tous les objets de la maison. Livres, vaisselle, objets, bouteilles, télévision, chaîne haute fidélité, documents, etc., se retrouvent dans un même meuble.

Il faut penser également que les appareils électroménagers doivent être esthétiques, car ils sont habituellement visibles, et il est très important qu'ils soient techniquement bien pensés et pratiques ; par exemple, les hottes aspirantes doivent être puissantes, car on cuisine presque dans le salon, et le réfrigérateur et la machine à laver ne doivent pas être bruyants. Ce type de demeure a donné naissance à de nouveaux appareils électroménagers dont on pouvait autrefois se passer ; tel est le cas du séchoir à linge, qui est devenu indispensable parce qu'il n'y a pas de place pour étendre le linge.

Les matériaux ont aussi été touchés par ce changement, lorsque le carrelage de ciment teinté et peint, les parquets dans les salles de bains et les revêtements de sol continus, en général, ont été mis à la mode. Les peintures ont fait un pas de géant en ce qui concerne la qualité et la résistance, et la raison en est encore la même : une cuisine ou une salle de bains totalement ouvertes ne peuvent être carrelées à l'ancienne mode, mais doivent être conçues en osmose avec les zones nobles et recouvertes d'une peinture qui résiste à l'usage.

Dans ce premier chapitre, nous allons montrer comment décorer selon ces nouvelles tendances et comment résoudre la reconversion des appartements anciens pour leur donner une apparence plus actuelle et pour qu'ils répondent aux nécessités de notre époque. Tout cela a un double objectif : que la demeure devienne un lieu confortable qui permette d'effectuer commodément toutes les tâches qui s'y déroulent et, de plus, que par son décor attrayant et de bon goût, elle soit un havre de repos et de paix, au milieu d'un monde dans lequel le bruit, la course contre la montre et le stress ne cessent de nous assaillir.

Haute technologie dans la maison

Comme nous l'avons déjà dit à propos de l'aménagement de l'espace habitable, le style décoratif high-tech, outre l'ensemble de possibilités décoratives qu'il offre, a surgi en réponse aux nouveaux besoins du style de vie moderne et au manque crucial d'espace dont souffrent presque toutes les demeures actuelles.

Il trouve sa meilleure expression dans la reconversion de vieilles usines et d'ateliers abandonnés en logements habitables. Ces derniers, sans rien perdre de leur personnalité et de leur dynamisme industriel, offrent un espace aux proportions généreuses, et toute une gamme de ressources toujours ingénieuses et au charme particulier sans pour cela sacrifier au confort, et s'adaptent parfaitement à n'importe quel usage. Ce type de construction se prête parfaitement à ce type de décoration, car les structures métalliques, les murs de brique, les poutres et les piliers d'origine s'adaptent à la perfection à un style qui recherche le confort, l'esthétique et le fonctionnel à travers une froide et austère uniformité et utilise fréquemment meubles et objets d'origine industrielle associés à des appareils de la plus haute technologie.

Cependant, en dépit de ce que nous venons d'évoquer, tout ce qui précède ne concerne pas seulement les bâtiments industriels ou ateliers. Il est probable que n'importe quel appartement de ville pourra se servir des idées ou, tout au moins, de l'esprit de ce style, puisque la plupart des éléments propres à la high-tech, comme les spots métalliques, les revêtements en aluminium, ou les étagères métalliques de supermarché, peuvent s'associer, et donner de bons résultats dans n'importe quelle pièce.

Ensuite, prenons note de quelques directives, en ce qui concerne le mobilier et les accessoires, qui pourront nous aider à créer cette beauté formelle qui nous émeut, cet air de liberté et d'insouciance, cette atmosphère de repos et de paix qui caractérisent les maisons décorées selon ces principes.

- La superficie, grande ou petite, peu importe, doit être le plus unitaire possible, et éliminer les

▲ L'une des caractéristiques les plus remarquables des critères de décoration high-tech est la sobriété. Il n'y a jamais d'ornements superflus, et on ne conçoit pas d'éléments décoratifs qui n'aient une mission à remplir. Ce qui est mis en valeur, c'est le concept d'espace.

cloisons et les séparations. Salon, cuisine et salle à manger partagent le même espace. C'est pourquoi tout le mobilier et les autres éléments doivent avoir une unité esthétique et former un tout, bien qu'ils soient répartis dans des espaces bien différenciés ou bien séparés les uns des autres à l'intérieur d'un lieu unique.

- Comme il s'agit d'une conception qui doit évoquer de façon claire et évidente l'ambiance d'une petite usine ou d'un atelier, il est indispensable d'éviter l'hétérogénéité. C'est pourquoi les meubles et accessoires doivent être peu nombreux et fonctionnels, pas

◄ Etant donné la tendance qui vise fortement à unifier les espaces et supprimer cloisons et murs de séparation, il est nécessaire de concevoir des meubles spécifiques qui serviront à créer des zones séparées dans les grandes pièces. Il s'agit en général de meubles assez bas pour ne pas obstruer la vue et fragmenter le volume, qui, en plus du charme qu'ils donnent à la pièce, servent de petit mur de séparation.

► Voici une manière de générer de l'espace dans la chambre, en créant un meuble à double usage : à l'endroit un placard et à l'envers la tête du lit. Grâce à cette solution, on installe dans la chambre même une petite penderie que dessert une sorte de couloir derrière le lit.

◀ *Gros plan sur le meuble qui divise l'espace. On constate que son utilisation est extrêmement rationnelle. Côté salle à manger, il sert de bar et de placard à vaisselle, tandis que côté salon il contient la chaîne hi-fi.*

appareils audiovisuels ou électroménagers, s'intègrent très bien dans cette image industrielle ; ils apportent en plus de la modernité et éliminent les éventuels inconvénients liés au fait d'habiter une construction de ce type.

- L'éclairage peut être sobre, mais toujours fonctionnel, et utilise des spots ou lampes fluorescentes d'origine industrielle ou des lampes design. Il s'agit, de toutes façons, de tirer profit au maximum de la lumière que laissent entrer les larges fenêtres de ce type d'édifice.

- L'idéal est de doter les fenêtres de stores vénitiens à lames métalliques ou même de les laisser nues.

- Quant aux escaliers, ils acquièrent de l'importance et l'on tend à éviter les rampes. Les quelques meubles seront fonctionnels et de conception technologique. Si la maison est un espace ouvert, mais requiert des divisions, on peut édifier des cloisons et des portes en verre

trop chargés et d'origine industrielle : lits élaborés à partir de montants d'échafaudage, étagères et escaliers métalliques, lamelles de laiton ou grand ventilateur de plafond.

- Les murs suivent la tendance, une fois nettoyés, on leur laisse l'aspect d'origine si cela est possible ; ainsi, ils préserveront la structure du local. Sinon, on peut les recouvrir de brique apparente, de petites dalles de verre ou de plaques d'aluminium.

- Les formes de tout élément décoratif (tables, chaises, étagères, fenêtres) doivent être en général bien définies géométriquement, et faire ressortir surtout les carrés et les rectangles.

- Les équipements techniques les plus avancés, que ce soit la climatisation, le chauffage ou les

▶ *Puisque l'escalier divise l'espace et fait surgir au centre de la pièce sa structure fonctionnelle et bien visible, il a été traité comme une sculpture et intégré à la décoration de l'ensemble. Il possède la double utilité de remplir sa fonction et de servir à diviser l'espace.*

▲ *Dans la décoration moderne d'avant-garde, au lieu de dissimuler, on préfère montrer, mettre en évidence. C'est pourquoi cette cuisine s'intègre totalement à la zone noble de la demeure, dont elle fait partie sans restrictions.*

opaque, pour préserver une certaine intimité et éviter de rompre la sensation d'ampleur créée par l'ensemble.

• Il est conseillé d'inclure quelques éléments décoratifs, surtout des objets de porcelaine ou de cristal, aux formes géométriques. Ce type de décoration est très original et présente un attrait particulier, mais semble souvent froid et inerte. Un élément ornemental dotera sans doute l'ensemble d'une certaine dynamique et d'une certaine jeunesse.

▶ *La chambre s'ouvre sur le salon et s'y intègre visuellement. Mais, bien que l'on ait supprimé la porte et la cloison, on a conservé l'arche qui sépare les deux pièces afin de préserver un minimum d'intimité et de distance.*

Bâtiment industriel

I y a encore peu de temps, la maison, considérée comme un édifice destiné à être occupé par des êtres dont la vie quotidienne s'y déroulait, possédait une structure et une répartition interne préétablies et pratiquement immuables. Bien que l'aménagement, la décoration et le style pussent varier, le concept de base, auquel tous se conformaient, restait immuable.

Quand, il y a environ vingt ans, les villes commencèrent à souffrir cruellement du manque d'espace et de la nécessité d'adapter cet espace à un nouveau style de vie, les décorateurs et les architectes d'intérieur s'efforcèrent de trouver des réponses adéquates à ces exigences. Ainsi, surgit un style décoratif ou, plutôt, un concept entièrement nouveau, connu sous le nom de high-tech (haute technologie), dont l'objectif était d'utiliser, adapter et même rénover des lieux qui à l'origine n'avaient pas été conçus comme espaces habitables (bâtiments industriels, usines ou ateliers).

La tendance la plus habituelle lorsque l'on aménage ce type d'espace est d'essayer de conserver l'ancienne structure de base

avec ses poutres et ses piliers et de créer à l'intérieur un espace dans lequel, outre l'architecture ou la décoration, le volume est l'élément principal. Ainsi, en plus des zones spatiales de grande dimension, on tire parti au maximum des hauts plafonds, des caractéristiques du style industriel et de la lumière, qui, d'ordinaire, pénètre abondamment et éclaire tous les recoins à travers les vastes baies vitrées propres à ce type de constructions.

L'ampleur de l'espace, conjointement à la recherche d'une ambiance froide et géométrique propre à cette forme de décoration, invite à planifier la demeure de façon qu'elle forme un espace unique ouvert où toutes les zones individuelles communiquent entre elles. On abat les cloisons et les séparations, pour bâtir un espace unique qui sert à recevoir, cuisiner, manger ou s'adonner à la lecture,

▲ Si cela est fait avec goût, on peut mélanger des matériaux très différents. Ici le plafond est rustique, car on a conservé les poutres anciennes. La cabine de la douche a été carrelée et la zone autour du lavabo peinte. Il faut souligner que le lavabo est central et que le revêtement est en teck.

▶ Dans le salon, lorsque la lumière est abondante et les baies vitrées de dimensions suffisantes, il n'est pas nécessaire de garnir la fenêtre de rideaux. Mais, si le soleil donne directement, il faudra installer des rideaux ou des stores pour protéger les meubles, ou bien un vélum extérieur pour atténuer la lumière.

▶ Cette salle de bains a été réalisée en tirant parti d'un recoin et d'un fond de couloir. Elle a été conçue de la manière la plus simple possible, en jouant avec les déni-vellations et la variété des matériaux préexistants qui ont été réemployés et associés à des fins décoratives.

en laissant seulement la salle de bains séparée du reste. On obtient ainsi une vaste pièce multifonction, divisée en diverses zones ou espaces destinés à des usages dif-férents, mais d'une grande unité, et incontestablement douée d'un caractère et d'une personnalité propres. Il va de soi que dans une demeure qui possède ces carac-téristiques, il ne faut pas craindre les interférences, ni les bruits car, justement, l'ampleur de l'espace et les hauts plafonds éviteront ces inconvénients. La grande hauteur de ces édifices permet même, non seulement la construction de combles, mais aussi celle d'un étage supplémentaire dans la même structure.

C'est, en effet, une pratique cou-

▼ Ici la salle de bains occupe deux espaces bien différenciés. D'une part baignoire et WC sont situés dans la salle de bains proprement dite. D'autre part, la vasque et son entourage sont encastrés dans la penderie, formant ainsi une sorte de coiffeuse, et c'est l'ensemble de ces deux éléments qui unifie l'espace.

rante dans ce type de demeure parce qu'elle s'adapte très bien à l'esthétique et à l'austérité du style industriel. Ainsi l'escalier sans rampe qui relie les deux niveaux devra être bien visible et conserver les matériaux qui ont servi à le construire (dans ce cas précis le bois), ainsi que les formes géomé-

triques bien définies, propres aux vieux entrepôts industriels. C'est ainsi que l'on accroît la singularité et le caractère de ce type de déco-ration.

En fait, une bonne partie de son originalité réside dans l'utilisation insolite de locaux qui au départ furent conçus pour le travail ; c'est

pourquoi, les couleurs neutres, les formes carrées et rectangulaires propres à un bureau ou les maté-riaux nobles doivent toujours domi-ner. Les murs, les sols et le mobi-lier doivent former un tout, de façon que tous ces éléments soient unis et bien associés entre eux pour créer un ensemble cohé-

tique adéquat qui se fondera sur des gammes de blancs et de gris, bien que certaines tonalités intenses : noir ou couleurs pures puissent donner de bons résultats.

En suivant les critères de la mode high-tech, il est évident que l'on peut créer des lieux réellement attrayants et dynamiques. Mais comme le montre cette illustration, il ne faut pas, même si l'on dispose d'espace suffisant, céder à la tentation de surcharger les pièces de meubles ou d'objets superflus. Dans la décoration et surtout dans ce type de décoration, l'espace libre joue aussi son rôle.

rent et unitaire et élargir la perception visuelle de l'espace. Il est incontestable que ce type de décoration nous apparaît novateur, jeune, singulier et d'un attrait qui n'est ni conventionnel ni stéréotypé. Ces locaux, comme peut-être nul autre, offrent à l'utilisateur de multiples possibilités d'y mettre une touche personnelle et de manifester ses goûts et son caractère particuliers.

La high-tech est un type de décoration qui doit opter pour la simplicité et le côté fonctionnel, mais c'est là que réside précisément sa difficulté, car on devra utiliser le moins de meubles et d'éléments possible pour qu'ils s'harmonisent avec les froides structures architecturales. Il n'y a pas de place pour la fantaisie au moment de choisir la finition et les objets décoratifs. Il faudra de même choisir un schéma chroma-

Travaux dans la maison

▲ *Galerie avec faux grenier utilisé comme espace de rangement pour tirer parti du double niveau et créer différents espaces.*

▶ *Dans les logis de dimensions réduites, la meilleure façon de gagner de l'espace est de choisir des meubles légers, très fonctionnels et polyvalents.*

Bien qu'au moment de s'installer dans un logis, on ait tout arrangé comme il convient pour s'y établir et y vivre commodément, il arrive que la maison se détériore ou bien que le nombre de ses habitants varie, ce qui oblige à réorganiser et à réhabiliter. C'est une démarche importante à laquelle il convient de réfléchir longuement avant de commencer le travail.

Diverses circonstances, par exemple la variation du nombre de personnes au foyer, la nécessité de créer un nouvel espace pour intégrer le lieu de travail au domicile, la croissance des enfants qui auparavant partageaient la même chambre et qui maintenant ont chacun besoin d'un espace individuel ou, simplement, le désir de faire d'une pièce sans fenêtre ou dotée seulement d'une petite fenêtre un lieu plus clair ou aéré, font qu'il devient nécessaire de réaliser des modifications structurelles dans le logis pour l'adapter aux nécessités qui émanent de cette nouvelle situation.

Il est certain que, parfois, surtout en ce qui concerne la division ou la séparation des espaces, que ce soit pour des raisons économiques ou pour le simple fait de pouvoir revenir sans gaspillage à la situation initiale, il est conseillé de recourir à des solutions décoratives bien précises (différences de niveaux, tonalités différentes dans les deux espaces, paravents ou meubles de séparation). Mais lorsque le projet concerne l'agrandissement physique d'une pièce, l'ouverture d'une fenêtre ou d'une porte ou l'annexion d'un nouvel espace au

▶ *Les galeries ont longtemps été réservées à des usages domestiques : laver, coudre ou repasser. Tel que se conçoit l'espace aujourd'hui, ces couloirs extérieurs, outre leurs multiples utilisations possibles, sont désormais très appréciés car ils sont gais, lumineux, calmes et il est très agréable y flâner.*

corps principal, vous serez obligé de réaliser des travaux de structure.

Avant de prendre une décision, il faut tout d'abord bien planifier les changements que l'on veut effectuer et, si l'on ne sait pas avec certitude quelles solutions adopter ou si l'on n'est pas sûr de pouvoir les réaliser avec toutes les garanties nécessaires, le mieux sera de recourir à un professionnel. Il est déconseillé

▲ *Ci-dessus, intérieur remarquable bâti autour d'un élément géométrique sans cesse repris. L'accent est mis sur la forme cubique en ce qui concerne les éléments qui ont du volume et sur le carré quand il s'agit de surfaces planes. C'est cette réitération qui donne de la cohérence à l'ensemble.*

de s'aventurer dans ce type de tâche car mille problèmes peuvent surgir avec la tuyauterie, les câbles électriques qui doivent être déviés ou d'autres surprises inattendues et désagréables à mesure que les travaux avancent. Il ne faut pas oublier non plus que certaines transformations qui concernent les parties extérieures de la demeure (ouvrir une porte ou une fenêtre) nécessitent des permis de construire qui assurent que les travaux ne nuisent pas aux voisins ou ne rompront pas l'unité esthétique de l'édifice.

D'autre part, avant d'entreprendre un projet d'envergure, il faut vous demander combien de temps vous occuperez encore cette demeure, si vous la louez ou si elle vous appartient, car ce type de modifications demande un investissement considérable de temps et d'argent, et, après réflexion, vous arriverez peut-être à la conclusion qu'une autre solution peut s'avérer plus satisfaisante.

De toute manière, les travaux les plus fréquents sont les travaux intérieurs, principalement l'agrandissement d'une pièce, la séparation d'une autre en deux

ou l'ouverture de portes ou de fenêtres intérieures pour faciliter la relation et la communication entre différentes pièces.

Transformer deux petites pièces en une seule plus grande comporte de multiples avantages : deux enfants pourront partager la même chambre, on pourra aménager une chambre garde-robe confortable alors qu'auparavant ce n'était, en raison de sa taille, ni pratique ni possible ; ou, simplement, agrandir la surface d'une salle de bains de dimensions réduites.

Si c'est un mur portant qu'il faut démolir, il sera indispensable de consulter un expert car il devra prévoir une structure qui supporte le poids qui repose sur ce mur. S'il s'agit seulement de cloisons de séparation, leur démolition ne présente pas de gros problèmes, mais il est bon de réfléchir, avant de les démolir complètement, au résultat esthétique et pratique que l'on veut obtenir. Si, par exemple, vous désirez faire communiquer la cuisine et la salle à manger, il conviendra peut-être mieux de ne pas éliminer entièrement le mur, mais de laisser une large ouverture en forme d'arche, de façon qu'elle forme une séparation esthétique et fonctionnelle entre deux parties d'un même espace. Et il en sera de même s'il est prévu que dans la nouvelle pièce se déroulent plusieurs activités ; cela offrira une plus grande intimité. Une solution intermédiaire est d'installer des portes coulissantes de façon que vous puissiez utiliser la pièce entière sans éliminer les avantages que peuvent présenter dans certains cas deux pièces séparées.

Il est possible que le fait de relier deux pièces de cette manière crée un espace de

▲ ▶ *Dans cette demeure, dont on peut voir trois clichés sur cette page, salle et chambre ont un dénominateur commun qui est le carrelage. Obéissant à la tendance actuelle de la conception des espaces, cette chambre est aménagée de façon que le lit, la penderie et la salle de bains s'intègrent en formant une unité.*

forme irrégulière ; il est alors conseillé de tirer profit de ces irrégularités pour répartir les petits espaces secondaires que l'on veut créer. Il n'est pas indispensable d'unifier le sol des espaces reliés entre eux, surtout parce que cela peut entraîner une forte dépense supplémentaire, mais il est vrai que cette modification est une manière efficace d'unifier visuellement les deux pièces qui auparavant étaient séparées.

Sans doute, diviser en deux une pièce peut aussi résoudre d'importants problèmes de cohabitation : séparer une chambre pour installer un petit bureau si les circonstances obligent un membre de la famille à travailler chez lui, ou créer une nouvelle chambre quand les enfants grandissent et ne peuvent plus partager la même.

Il faut savoir qu'il n'est pas facile d'imaginer la sensation d'espace qu'offriront les nouvelles pièces. Ce ne sera pas la première fois qu'après avoir divisé une pièce, on s'apercevra que les deux pièces ainsi créées sont trop petites ou procurent une sensation d'étouffement, par conséquent le remède aura été pire que le mal. Une solution pratique est d'examiner préalablement une chambre de dimensions et de proportions semblables à celles que l'on veut créer pour vérifier qu'elles pourront remplir la fonction qu'on veut leur attribuer. Ou, à défaut, faire un petit plan et, avec les croquis des meubles ou des éléments qui vont être installés dans la pièce, voir comment

▲ *Dans la salle de bains construite sur deux niveaux, même esthétique que dans le reste du logement : austérité, simplicité et volumes géométriques.*

s'effectue la répartition générale et, surtout, mesurer l'espace qui sera disponible pour se déplacer. Il faut aussi considérer que si l'espace que l'on souhaite diviser possède une seule fenêtre, ce qui n'est pas rare, une des deux chambres obtenues n'aura pas d'éclairage naturel, ce qui ne sera peut-être pas pratique.

Une autre possibilité consiste à diviser la pièce horizontalement, ce qui convient parfaitement à des studios d'un seul tenant ou des maisons aux plafonds hauts.

Il est vrai que les demeures urbaines permettent rarement, par manque de hauteur, de construire un étage supérieur, mais il est souvent possible de construire des faux greniers qui peuvent non seulement être une réussite esthétique mais contribuer à résoudre de nombreux problèmes de place et de rangement (par exemple, dans la salle de bains ou même dans le couloir).

Les transformations les plus simples et les plus économiques sont celles des portes et des fenêtres, mais cela ne signifie pas qu'elles ne soient pas importantes.

Ouvrir une porte entre deux pièces précises (entre une chambre et une salle de bains, par exemple) facilitera énormément le passage de l'une à l'autre, tandis qu'une meilleure visibilité et l'avantage de bénéficier d'un éclairage naturel plus intense sont des motifs plus que suffisants pour ouvrir une nouvelle fenêtre.

Décorer sa première maison

Un foyer n'est pas seulement une maison. C'est là que se déroule une partie importante de notre vie, un ensemble d'activités quotidiennes, familiales, intimes, etc., on y conserve les objets les plus personnels qui reflètent le plus notre identité. Ainsi, le foyer est un environnement indispensable, la circonstance la plus immédiate, le cadre qui nous est le plus propre. C'est pourquoi il synthétise, d'une certaine manière, une part très importante de notre vie et définit le caractère et la personnalité de ceux qui l'habitent.

Au moment de décorer votre première maison, de nombreux problèmes qui au début vous

▼ Ces pièces sont conçues sans portes ni cloisons, seul le changement de carrelage crée différents pièces et espaces.

sembleront impossibles à résoudre peuvent surgir. Il arrive qu'un couple aille jusqu'à perdre le sommeil en essayant de trouver le canapé le plus approprié pour le nouveau salon, en cherchant à aménager une chambre pour les enfants qu'ils veulent avoir, en se demandant quels éléments et quelles gammes de couleurs donneront le meilleur résultat dans la cuisine ou dans la salle de bains, ou en s'interrogeant sur la nécessité et la possibilité d'effectuer certains travaux dans la maison pour lui donner un aspect différent, auquel ils pourront mieux s'identifier.

Il est certain que le travail de décoration n'est pas facile, si l'on veut obtenir un résultat satisfaisant, il ne faut pas non plus prendre peur, car la décoration est un jeu amusant qui n'a pas de règles fixes et dans lequel l'intuition, la fantaisie et le bon goût de chacun doivent suffire pour trans-

former la première maison en ce dont nous avons toujours rêvé. Meubler une maison signifie concrétiser des idées particulières entre ses murs et la convertir en un objet personnel et plein de caractère. C'est pourquoi l'intérieur du logis doit refléter la manière de concevoir la vie de celui qui l'habite, contenir et exprimer sa manière d'être, ses goûts, ses besoins et ses préférences.

Une fois la maison choisie, après avoir vérifié que cette dernière bénéficie de la lumière naturelle désirée, que la structure est en bon état et que les installations fonctionnent correctement, le mieux est de ne pas perdre le calme, d'éviter la précipitation et de réfléchir posément à la manière dont on souhaite vraiment la décorer. Il n'est pas souhaitable de vouloir que l'appartement soit entièrement aménagé avant de venir y habiter car souvent, il

▶ Les cheminées sont toujours un choix sûr en termes de décoration. Même si à présent les maisons sont bien chauffées, elles créent plus d'intimité.

arrive qu'il n'ait peut-être pas le confort ou l'esthétique que l'on recherchait ; il sera alors plus compliqué de réaliser des transformations. Dans la mesure du possible, il faut essayer de prévoir dans le budget les éléments de base les plus importants : tables et chaises confortables pour la salle à manger, un bon lit ou un agréable canapé ; les éléments accessoires et les objets décoratifs devront être introduits peu à peu. La réflexion et l'expérience quotidienne lèveront de nombreux doutes et aideront à résoudre chaque cas.

Le salon-salle à manger est une des pièces principales car c'est là que se déroulera la plus grande

partie de la vie commune, c'est l'espace qui s'ouvre aux invités et où, très souvent, on vient chercher le repos et la détente. Il est particulièrement recommandé de prévoir au début une lampe, une table et des chaises pour la partie salle à manger, et un canapé, une table basse et un lampadaire pour le séjour ; il s'agit, en définitive, des éléments les plus essentiels. Par la suite, vivre dans la maison aidera à découvrir les véritables besoins, aussi bien pratiques qu'esthétiques, et on pourra décorer petit à petit la demeure selon les goûts de chacun, en remplaçant aisément les éléments initiaux et en en ajoutant d'autres. La salle de bains et la cuisine sont probablement les pièces qui peuvent le plus facilement être décorées à l'avance car elles nécessitent essentiellement des éléments très concrets et leur fonction est évidente. Il faut simplement choisir le genre de décoration qui s'adapte le mieux aux dimensions des pièces et à l'ensemble décoratif de la

demeure. Il faut non seulement se préoccuper du style des meubles mais veiller aussi à ce que le modèle et les éléments choisis s'adaptent parfaitement aux dimensions de la pièce, permettent une grande liberté de mouvement et une répartition logique en accord avec la fonction qu'ils doivent remplir.

La chambre est aussi une pièce essentielle car il est certain que la manière de se réveiller influence le déroulement de toute la journée.

Décorer une pièce ne signifie pas la remplir d'objets, c'est pourquoi il vaut mieux opter pour la simplicité et le confort d'un bon lit, deux tables de nuit et lampes de chevet et une armoire fonctionnelle. Comme dans les autres pièces, il est primordial de se procurer des éléments bien choisis qui reflètent la personnalité de l'utilisateur ; le temps et la fréquentation des lieux détermineront plus tard le choix des éléments les plus nécessaires et les plus agréables.

▲ La tendance à associer des matériaux très actuels, des éléments classiques et des pièces de récupération est très en vogue ; on a même commencé à fabriquer de vieux modèles de sanitaires en reprenant les modèles d'autrefois. Il en est de même pour la robinetterie.

◄ Toutes les activités de cette demeure se concentrent autour du coin séjour. Derrière le mur se cache la salle à manger, qui s'ouvre sur la cuisine qui se trouve au fond. La cheminée est discrète et un peu en retrait par rapport à la zone de réunion afin de créer un espace indépendant et de le rendre plus intime.

▲ Le salon se trouve au cœur de la demeure comme s'il s'agissait d'un patio intérieur. Il bénéficie de toute la double hauteur de la maison et l'escalier qui descend des combles y débouche directement.

► Dans les combles se trouvent les chambres et les salles de bains, qui s'ouvrent sur le passage, qui, à son tour, donne sur le salon. Le plafond et les rampes en bois de la maison ont du caractère, ils sont en eux-mêmes très décoratifs et offrent une agréable perspective. C'est pourquoi à l'étage les cloison s'arrêtent à mi-hauteur pour permettre d'admirer la magnifique charpente.

Habiter dans un loft

◀ *En tirant parti de l'élévation importante de ce loft, on l'a surélevé et gagné ainsi la hauteur suffisante pour le convertir en un espace sur deux niveaux qui abrite les chambres à l'étage et le séjour au rez-de-chaussée.*

▶ *Etant donné que les lofts se trouvent souvent dans de vieux bâtiments industriels ou dans des entrepôts désaffectés, leur hauteur est presque toujours démesurée. Le procédé le plus courant dans la décoration actuelle est de laisser à une partie du bâtiment toute sa hauteur et de créer une mezzanine donnant sur l'étage inférieur, où l'on peut installer un bureau, la bibliothèque ou la chambre, ce qui est le cas dans cette photo qui offre une belle perspective.*

Tous se plaignent aujourd'hui de l'étroitesse des logements, alors parler de duplex ou de maison à étage paraît saugrenu. Mais il en existe encore quelques-uns que l'on peut acquérir de seconde main. Et, dans les villes, certains greniers constituent de vastes espaces inutilisés, qui peuvent parfaitement être aménagés en pièces supplémentaires, sur le principe du duplex et, par conséquent, augmenter considérablement l'espace disponible.

Les maisons à étage sont de plus en plus rares en ville. L'énorme demande immobilière ainsi que le prix élevé du mètre carré habitable et les problèmes économiques que pose un achat ont réduit de plus en plus la construction de ce type de logement. De nos jours, pratiquement, les seuls duplex sont les maisons individuelles qui se construisent surtout à la périphérie des centres urbains et y vivre est un privilège. Cependant, disposer de deux niveaux, ce qui peut être le cas dans une maison individuelle, offre de grandes possibilités et de nombreux avantages. Si les conditions économiques le permettent, non

seulement il n'est pas insensé, mais tout à fait conseillé, d'agrandir une demeure familiale en annexant l'étage supérieur ou inférieur de l'édifice. Les résultats seront des plus satisfaisants.

Un logis à étage entraîne de nombreux déplacements entre les pièces et présente davantage d'inconvénients, puisque certains lieux se trouvent plus éloignés. C'est pourquoi, dans ce type de demeure, la première chose à faire, la plus importante et décisive pour que la maison soit aussi confortable et fonctionnelle que possible, c'est de choisir les fonctions que l'on souhaite attribuer à ces pièces. Il est logique que, dans une demeure à étage, il faille davantage prêter attention à la distribution des pièces pour ne pas créer des

▶ *Une des manières les plus simples et spectaculaires d'installer une baignoire sans faire trop de travaux d'installation est de choisir une baignoire ancienne sur pieds au lieu d'encastrer une baignoire moderne.*

La cuisine occupe tout un pan de mur, c'est-à-dire que ses éléments s'alignent au fond de la pièce. La décoration présente une grande unité, couleurs et matériaux s'harmonisent. Pour compartimenter la cuisine, on a laissé quelques pans de mur.

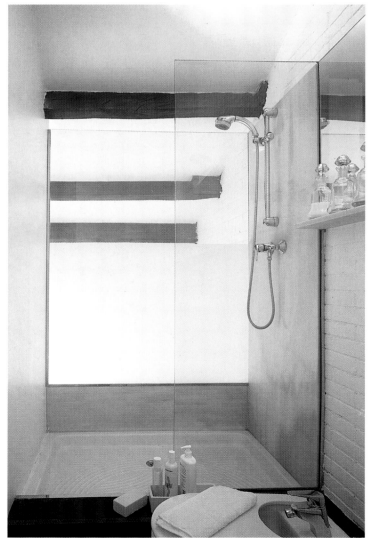

Pour pouvoir inclure lavabo et douche dans cette petite salle de bains, on a dû répartir l'espace sur deux niveaux. Pour accéder à la douche, il faut monter quelques marches. Opter pour un paravent de verre entre la douche et le lavabo répond à la nécessité de rechercher le maximum d'espace dans une pièce aux dimensions réduites.

gênes dues aux difficultés de communication. Si, par exemple, la cuisine se trouve à un étage et la salle à manger à un autre, les repas et les dîners peuvent devenir un véritable martyre pour celui qui doit monter et descendre les escaliers chaque fois qu'il doit mettre le couvert, servir les plats ou débarrasser la table après les repas.

Si la salle de bains se trouve à un étage autre que celui des chambres, cela peut comporter aussi un véritable inconvénient le matin, en se levant, lorsque l'on utilise le plus la salle de bains et les toilettes. Ces pièces sont précisément celles qui créent le plus de difficultés dans l'aménagement d'un duplex. La meilleure chose à faire pour bénéficier d'un maximum de confort est d'installer une salle de bains ou des toilettes à chaque étage.

Si les deux étages ont approximativement les mêmes dimen-

sions, la répartition la plus adéquate consiste à aménager à l'étage inférieur le vestibule, le salon-salle à manger, une salle de bains et la cuisine, et à l'étage supérieur, les différentes chambres, une ou deux salles de bains-toilettes et, si possible, une pièce calme pour la lecture ou l'étude.

Il arrive parfois que l'un des deux étages soit légèrement plus petit que l'autre ; alors, à l'étage le plus petit, il sera pratique d'installer une chambre, un salon ou une salle de lecture avec une salle de bains, tout en laissant le reste des pièces à l'étage le plus grand.

L'élément le plus caractéristique de ce type de demeure, puisqu'il est toujours présent, est l'escalier. Il est évident que sa présence est indispensable, mais il faut savoir tirer parti de ses caractéristiques esthétiques et fonctionnelles. Si l'appartement n'est pas très grand, afin de profiter pleinement de l'espace disponible, on peut opter pour un escalier en colima-

▲ *Dans ce loft, on a conçu un système très original et créatif pour pouvoir installer la cheminée. On a utilisé le bas de l'escalier. C'est pourquoi cet escalier part du centre de la pièce et s'abrite derrière un mur séparé.*

çon, de préférence près d'un mur, car il occupera toujours moins d'espace qu'un escalier traditionnel incliné. Il ne faut pas dédaigner non plus le vide sous l'escalier, que l'on peut utiliser à des fins multiples : on peut y placer un petit bureau ou secrétaire, la petite table du téléphone, y installer un meuble de rangement, l'utiliser comme coin décoratif, etc.

Enfin, le duplex offre un autre avantage intéressant : puisqu'il possède deux espaces clairement différenciés, on peut décorer chacun d'eux dans des styles et suivant des concepts divers sans que cela ait nécessairement des répercussions sur l'image d'ensemble, par manque de cohérence ou d'homogénéité. Dans tous les cas, il ne faut pas que cette différence soit trop drastique ou choquante. Il sera toujours préférable que certains éléments procurent une certaine unité à l'ensemble, par exemple il est bon d'utiliser les mêmes matériaux pour le carrelage ou la même gamme harmonique de couleurs pour les murs et éléments accessoires.

▶ *Le conduit de la cheminée passe à travers le mur et monte le long de l'escalier en formant une colonne d'acier qui met en valeur la maçonnerie. Il sert aussi à chauffer toute la cage d'escalier.*

▼ *Ce lavabo a été installé en respectant le mur de brique préexistant, qu'on a cependant peint en blanc. Sur le lavabo, sur la zone humide proprement dite, on a placé une plaque de marbre blanc et au-dessus une étagère et un miroir.*

Élégance décorative

◀ *Pour créer une ambiance classique et élégante comme celle-ci, il est indispensable de disposer du cadre adéquat. C'est-à-dire que la maison doit être vaste, seigneuriale et lumineuse. Revêtir les murs de boiseries, par exemple, est une excellente manière de rehausser la décoration et de doter la maison d'un élément qui lui donne un caractère singulier et chaleureux.*

Le désir de doter la maison d'un caractère presque artistique, et une interprétation esthétique qui se préoccupe surtout de communiquer à l'ensemble un impact visuel tel que l'on croit se trouver devant une peinture ou une œuvre d'art, prennent de plus en plus d'importance dans ce qui, dans le domaine de la décoration, est connu sous le nom de style décoratif.

Il n'est pas facile de concrétiser et d'analyser les caractéristiques spécifiques de cette façon d'appréhender la décoration, car elle ne s'identifie pas à des motifs, des objets ou des maté-

◀ *Etant donné que les dimensions le permettent et pour effectuer une répartition intérieure plus moderne et moins conventionnelle qu'autrefois, on pénètre directement dans la suite principale par des portes à doubles battants, aux vitres dépolies, qui étaient les portes d'origine de la demeure. L'antichambre est décorée comme une petite salle seigneuriale. Les meubles d'acajou, de style classique et élégant, lui confèrent la distinction requise.*

▲ *Dans un intérieur où l'on recherche élégance et tradition, la cuisine doit être à l'avenant du reste de la maison ; c'est pourquoi ici on a revêtu le sol de parquet et doté le coin salle à manger de meubles de style. Les lampes et les tableaux conviennent aussi à la décoration d'un salon. Ce type d'aménagement est toujours dynamique et charmant, mais demande de l'habileté, du bon goût et doit, en plus, tenir compte de certains détails. Ici, par exemple, il est important que la hotte aspirante soit puissante.*

▶ Dans cette décoration, on a allié la modernité et le caractère fonctionnel des installations et des sanitaires à des éléments classiques caractéristiques d'une autre époque. Le cabinet de toilette a été conçu pour y encastrer le lave-mains. On a installé des revêtements de bois et de carreaux de faïence placés en équerre comme on décorait certains hôtels et stations balnéaires du début du XXᵉ siècle.

riaux précis. Ce dont il s'agit, c'est d'obtenir un effet visuel global dont émanera élégance, exubérance et bon goût artistique ; mais cela peut être créé aussi bien par des éléments modernes que par des éléments classiques, et s'adapter aux appartements les plus modernes tout comme aux maisons anciennes.

Il s'agit d'un style chargé, où une multitude d'objets décoratifs s'associent à des meubles et autres éléments d'une grande valeur esthétique, tant et si bien que, parfois, dans les demeures ainsi décorées, il semble qu'il n'y ait pas le moindre espace libre. Sur les murs abondent des

▼ Suivant la tendance qui consiste à reprendre des éléments du passé, on a ici recouvert de bois le côté des baignoires et installé des appliques de larmes de cristal. Le résultat final est d'une grande somptuosité, et toujours aussi élégant.

tableaux, de vieilles horloges, ou des collections de photographies, les sols sont revêtus de tapis, dans tous les recoins on a installé un joli fauteuil, une étagère ou quelque objet d'orne-

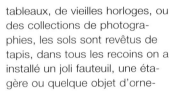

ment en porcelaine. Sur les tables, les commodes et même les meubles sont exposés de multiples ornements. Ainsi, cet ensemble d'éléments qui décorent ou envahissent presque la maison lui donne un petit air de musée.

Bien qu'il ne fasse aucun doute que n'importe quel type de décoration bien pensée et finie puisse donner des résultats entièrement satisfaisants, il faut convenir que cette décoration est particulièrement compliquée et l'objectif difficile à atteindre. L'extravagance et l'hétérogénéité, le «tape à l'œil» peuvent avoir des effets contraires à ceux espérés. Cette espèce d'*horror vacui*, qui semble être à l'origine de ce type de décoration, peut facilement devenir une arme à double tranchant. Dans tous les cas, il est absolument nécessaire de ne pas confondre l'exubérance, l'impact visuel et la sublimation de l'esthétique avec le manque de confort fonctionnel. Si, au contraire, vous obtenez une ambiance tellement chargée

et prétentieuse qu'il est impossible de se déplacer facilement ou de se reposer, c'est que vous vous êtes trompé de voie.

Il est indispensable, cependant, de faire en sorte que les préoccupations pratiques ne nuisent pas à l'esthétique. Naturellement, les pièces d'antiquité et les meubles d'époque conviennent à une décoration basée sur l'impact visuel, mais au moment d'entreprendre un travail de décoration, il est bon de faire fi des idées préconçues et de suivre ses propres références en choisissant des éléments de diverses provenances et, peut-être, de styles divers car, comme nous l'avons déjà mentionné, l'important est l'effet final de l'ensemble.

Une des caractéristiques de ce type de décoration est l'effet esthétique que peut créer le groupement d'objets de même nature, c'est le cas surtout des collections de toutes sortes habituellement utilisées à des fins décoratives. On peut même

◄ Dans la chambre, tous les éléments de base sont légers, neutres et discrets mais d'une grande qualité : lit, murs, rideaux sont toujours blancs. Pour créer un impact et rompre la monotonie, on installe un élément qui contraste fortement avec l'ensemble comme c'est le cas de la chaise longue, revêtue d'une peau de léopard, qui ajoute une touche de raffinement.

les murs latéraux, en laissant, évidemment, un espace suffisant pour pouvoir circuler à l'aise. On peut aussi utiliser n'importe quel recoin pour y placer une jolie chaise, une petite table d'appoint ou quelque élément décoratif.

Enfin, un autre facteur clé est l'éclairage artificiel. Le style décoratif est conçu pour s'harmoniser avec ce type d'éclairage, puisque sa maîtrise et sa répartition aident de manière efficace à créer l'effet artistique recherché. Il est conseillé d'installer de multiples sources d'éclairage, car elles contribueront aussi à la mise en valeur de certaines œuvres.

Parmi tout ce que nous venons d'exposer, nous n'ayons pas mentionné jusqu'à présent que pour adopter un tel type de décoration, il faut disposer d'une maison de vastes proportions où, en dépit de la grande quantité d'objets ou d'éléments qu'elle contient, il y aura suffisamment d'espace libre pour se déplacer aisément et ne pas éprouver un sentiment d'encombrement excessif et de claustrophobie.

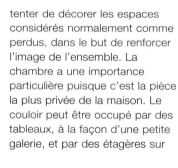

tenter de décorer les espaces considérés normalement comme perdus, dans le but de renforcer l'image de l'ensemble. La chambre a une importance particulière puisque c'est la pièce la plus privée de la maison. Le couloir peut être occupé par des tableaux, à la façon d'une petite galerie, et par des étagères sur

◄ Détail de la chambre où l'on peut voir les différentes nuances de blanc ainsi que le caractère et la puissance qui émanent du décor grâce aux objets ornementaux anciens et art déco.

► Dans toute la maison, tous les textiles et textures tirent sur le blanc : rideaux blancs, boiseries laquées ou satinées, tapisseries s'harmonisent. Jouer sur différents tons de blanc, c'est obtenir à coup sûr une décoration classique, élégante et actuelle à la fois.

Simplicité et confort technologique

Pendant des siècles, la cuisine et les travaux du foyer n'ont presque pas changé. On y consacrait un temps considérable et on y travaillait dur, sans l'aide de nombreux appareils. L'apparition sur le marché des premiers appareils électroménagers et leur succès fulgurant représentaient un changement d'habitudes radical, une véritable révolution dans la vie du foyer. Soudain, une bonne partie du temps passé à laver le

▶ Actuellement, les cuisines sont conçues comme des laboratoires où l'on élabore et traite les aliments, mais étant donné qu'il faut y passer beaucoup de temps sans aide, on doit trouver le moyen de les rendre à la fois pratiques, hygiéniques, mais aussi agréables et confortables. L'éclairage et la bonne qualité des matériaux sont toujours des facteurs primordiaux.

linge à la main, à faire la vaisselle et même à préparer les repas se trouvait considérablement réduit et pouvait être consacré aux loisirs, à l'étude, au travail ou à toute autre activité.

Avec le temps, ces appareils sophistiqués ont atteint des limites insoupçonnables en offrant non seulement à l'utilisateur confort et qualité de vie mais aussi une meilleure hygiène, une plus grande sécurité et une efficacité accrue dans l'exercice des tâches domestiques. Outre les programmateurs qui permettent de contrôler la mise en route et l'arrêt, les derniers appareils électroménagers sont équipés du Fuzzy Control, un système de régulation électronique qui permet une certaine économie d'énergie. Ainsi, par exemple, une machine à laver dotée de ce système sera capable

de mesurer elle-même la quantité d'eau ou de lessive ainsi que le temps nécessaires en fonction du poids et des caractéristiques du linge que l'on veut laver à chaque fois. Les fours contrôlent de même automatiquement la température de cuisson en fonction du type d'aliment que l'on cuisine, et le degré d'humidité.

Quant aux cuisines, les besoins de la vie moderne, en raison de conditions liées au travail, au confort, à l'hygiène, au temps dont on dispose, leur ont fait subir une évolution technique et esthétique constante. La cuisinière traditionnelle, de couleur blanche, composée d'un four et de quatre brûleurs encastrés dans la plaque de cuisson, est un peu passée de mode et aujourd'hui on peut affirmer que, dans peu de temps, elle deviendra une authentique

◀ Le marbre et l'acier sont deux matériaux qui s'associent à merveille aussi bien pour leurs effets esthétiques que pour leur facilité d'entretien. Ce plan de travail aux rebords arrondis est idéal pour éviter que les déchets et la saleté ne s'accumulent dans les coins.

▶ Dans une cuisine de dimensions réduites, il faut essayer plus que jamais d'unifier et de réduire au minimum la diversité des matériaux. Ici, le fait d'avoir joué seulement avec l'acier et le marbre, même pour le carrelage, fait que l'espace apparaît dégagé, diaphane, propre et élégant.

◀ *Une cuisine bien conçue et moderne doit être fonctionnelle et d'utilisation facile. L'installation de barres qui servent à suspendre les ustensiles pour les avoir à portée de main est à l'ordre du jour ainsi que les comptoirs. En contrepartie, si un pan de mur est libre, on y installe tous les placards et les appareils électroménagers qui occupent toute sa surface.*

de verre et ne brûlent pas, car elles utilisent ce type d'énergie, et non l'électricité ou le gaz, pour cuire les aliments.

Un autre type de cuisinière présente de nombreux accessoires pour la cuisson des aliments : gril, tournebroche, et une alimentation mixte à l'électricité et au gaz.

Parmi les fours, le choix est vaste. Aussi bien les fours conventionnels qui émettent de la chaleur statique, que ceux qui utilisent d'autres systèmes de cuisson, peuvent avoir plusieurs fonctions : régulateur de température pour décongeler ou réchauffer, programmateur, cuisson à la vapeur, gril pour toutes sortes d'aliments et même une fonction spéciale pour les pizzas.

Presque tous contiennent des systèmes modernes de nettoyage et de sécurité. Pour faciliter le nettoyage, on recouvre les parois du four de revêtements spéciaux capables d'absorber les graisses, de matériaux qui se nettoient facilement avec très peu de détergent ou bien on les dote d'un système d'élimination des résidus de cuisson à très haute température. Pour la sécurité, ils sont équipés de portes à double ou triple vitrage, froides au toucher.

Les fours à convection permettent une cuisson plus rapide et homogène car ils sont équipés d'un turbo-ventilateur qui répartit la chaleur dans l'appareil avec partout la même intensité. Les plus avancés sont les fours micro-ondes, qui permettent de cuire les aliments en beaucoup moins de temps et de décongeler en quelques minutes. Bien qu'à l'origine, ils se contentaient de chauffer et de décongeler, de nos jours, ils disposent d'un gril, d'un système de cuisson simultanée et d'un système de programmation électronique qui règle le temps nécessaire à la cuisson.

pièce de musée. Actuellement, on peut acheter des modèles de toutes sortes de matières, tailles ou couleurs, ce qui permet de les adapter à n'importe quel espace ou style de décoration. Les plaques de cuisson, très faciles à nettoyer, ne rompent pas la continuité du plan de travail et quelques modèles sont dotés d'un système électrique capable de reconnaître les poêles ou les casseroles : elles s'activent seulement quand elles détectent un corps d'un certain volume ou poids, et ne se mettent pas en route si l'on y a oublié quelque chose.

Les tables à induction magnétique sont très décoratives, elles ressemblent en effet à des tables

◀ *Dans des appartements peu conventionnels, on peut aménager la cuisine dans un coin extrême du salon et l'y intégrer. Si les murs sont irréguliers et que certains recoins sont inutilisés, l'idéal est d'en tirer parti en employant ces vides comme garde-manger, cave ou même buanderie.*

Le type et la dimension du réfrigérateur et du congélateur seront fonction du nombre de personnes au sein de la famille, de l'espace disponible et des habitudes culinaires. Si, par manque de temps, on a l'habitude de faire les courses une fois par semaine, il est conseillé d'acheter un congélateur indépendant pour conserver les aliments, et si ce n'est pas possible à cause du manque d'espace on peut opter pour un réfrigérateur-congélateur qui réserve le maximum d'espace à ce dernier.

Certains réfrigérateurs actuels possèdent des compartiments hermétiques pour les fruits et légumes, dont on peut régler la température et l'humidité. Il en existe aussi dotés d'un système «no frost», qui n'ont pas besoin d'être décongelés régulièrement. De plus, ils peuvent offrir quelques petites prestations complémentaires comme la fabrication auto-

▶ Alors que dans les cuisines anciennes, les tables de travail étaient équipées d'éléments hauts et bas, de nos jours, les placards hauts tendent à disparaître totalement ou partiellement. A droite, l'équipement de la cuisine a été limité au strict nécessaire, c'est-à-dire aux éléments hauts.

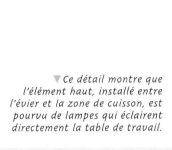

▼ Ce détail montre que l'élément haut, installé entre l'évier et la zone de cuisson, est pourvu de lampes qui éclairent directement la table de travail.

▲ *De même qu'il y a quelques années proposer une cuisine ni carrelée ni même recouverte de peinture émaillée était impensable car ce n'était ni hygiénique ni pratique, ces dernières années sont apparues une infinité de nouvelles peintures, lavables, résistantes et très décoratives, qui permettent d'obtenir les meilleurs résultats.*

matique de glaçons, ou fournir en permanence de l'eau très froide.

Les lave-vaisselle les plus récents sont très puissants, silencieux et consomment peu. Il existe aussi des modèles pour tous les goûts et de toutes les tailles, qui peuvent s'encastrer ou s'installer dans n'importe quelle cuisine.

Actuellement, presque tous les appareils maintiennent automatiquement l'eau propre ou sont dotés de programmes à différentes températures pour laver la vaisselle selon son degré de saleté.

La fonction de prélavage a une double mission, renforcer un lavage normal ou éliminer la saleté des assiettes et des verres, tandis que le chauffe-plats se met en

marche seulement durant le séchage pour chauffer les assiettes avant de servir.

Les couteaux en acier, les couteaux anciens ou les ustensiles en bois ne doivent pas être lavés à la machine.

Les hottes sont apparues en dernier dans les cuisines pour remplacer les anciens extracteurs de fumée, mais de nos jours elles sont un élément obligatoire. Grâce à elles, on pourra nettoyer la cuisine moins souvent car elles éliminent les vapeurs et les fumées qui autrement finiraient par former un dépôt poisseux et désagréable. Le reste de la maison en bénéficie aussi car les hottes aspirantes éliminent les odeurs désagréables.

Si les dimensions de la maison le permettent, il est commode de disposer d'une buanderie où installer la machine à laver et le sèche-linge, deux appareils électroménagers indispensables. Dans la même pièce peuvent se trouver la table à repasser et quelques paniers pour le linge sale.

Les machines à laver modernes sont entièrement automatiques et d'un prix tout à fait abordable,

on peut y mettre toute sorte de linge grâce à la variété des programmes.

Les derniers modèles permettent de programmer le type de tissu que l'on veut laver, la quantité de linge ou son degré de saleté, ce qui permet une économie d'eau, d'électricité et de lessive. Si nécessaire, installez le lave-linge dans la cuisine, car il en existe de toutes tailles et de toutes couleurs qui peuvent même s'intégrer à l'ensemble.

Le linge séché à la machine se froisse moins. C'est un mode de séchage plus hygiénique car il évite le contact avec la pollution et les odeurs dont s'imprègne le linge étendu dehors. La plupart des sèche-linge peuvent se placer au-dessus de la machine à laver ou se fixer au mur pour mieux tirer parti de l'espace. Ils sont dotés d'un contrôle électronique qui détecte le degré d'humidité du linge ou le temps nécessaire pour le séchage.

L'eau du linge fraîchement lavé se recueille dans un petit récipient qui doit être retiré et nettoyé après chaque lavage.

▶ *De nouveau, des éléments très modernes et des appareils électroménagers de haute technologie contrastent avec des matériaux rustiques, de l'acier inoxydable et même des œuvres d'art moderne (voir le tableau près de la porte).*

▶ *Le rustique et le moderne ne sont pas nécessairement incompatibles, au contraire ; on peut quelquefois obtenir des résultats remarquablement esthétiques et intéressants. Ici on peut voir comment pierre, brique, acier et bois cohabitent dans une parfaite harmonie. Cette variété n'empêche pas les matériaux de se conjuguer parfaitement et de former un ensemble équilibré et uniforme.*

Tradition classique

Le monde de la décoration est très vaste. Aussi bien le goût des gens que leur façon de l'exprimer peuvent varier presque à l'infini. Mais, s'il est certain qu'il existe des styles qui, lors de leur apparition, méritent l'attention et l'approbation du public, il est également vrai que, comme les modes, ils ont une fin et demandent de temps en temps à être changés et remplacés par d'autres. Un type de décoration a échappé à cette réalité et a perduré par son essence même : la décoration classique.

Dans le domaine de la décoration intérieure, le goût pour le style classique ne s'est jamais démenti. La capacité que possède le mobilier de cette époque de créer des ensembles élégants durant des années, et sa facilité d'adaptation à d'autres styles, ont fait que le meuble de style classique n'est jamais tombé en désuétude et a toujours trouvé et trouvera toujours dans le public des gens qui l'adoptent pour décorer leur demeure.

Comme le sait le lecteur, le style classique n'est pas un style mais un ensemble de styles très différents possédant des caractéristiques spécifiques bien différenciées.

Dans le classique, il existe des styles plus pompeux et chargés, d'autres plus austères, il existe aussi le style rustique ; et les meubles éclectiques qui opèrent la synthèse d'éléments et de styles caractéristiques de différentes époques sont nombreux.

▲ Nous avons évoqué à plusieurs reprises la tendance à unifier l'espace dans les lofts, les duplex ou tout autre type de demeure moderne. Ainsi, il est évident que pour actualiser une ambiance classique sans lui ôter son cachet ancien, il faudra aussi supprimer les cloisons et réunir les différents espaces.

▶ Ce détail du salon montre clairement que dans la mesure où les meubles sont de qualité et observent entre eux un certain équilibre, on peut mélanger tous les styles et mêler toutes les cultures.

▶ L'art de créer requiert solennité et beauté. Rien n'est plus approprié que le style Louis XVI des chaises, les miroirs et les tissus baroques. La porte vitrée à l'anglaise avec ses carreaux biseautés dépolis fait honneur au style baroque tout en allégeant quelque peu l'ensemble.

Actuellement, les nouveaux courants de la mode ont rénové l'image de ces styles qui, en d'autres temps, ont peut-être abusé un peu trop de la pompe et de la décoration excessive, et peu à peu, on a imposé le goût pour des modèles plus simples et plus discrets, moins chargés mais certainement non moins élégants et distingués, et qui s'associent à la perfection à des éléments de style moderne.

La décoration classique donne de bons résultats dans de nombreux types de demeures, mais celles qui bénéficient peut-être le plus de son style et de la noblesse de ses matériaux sont celles aux plafonds hauts, qui évoquent le mieux le type de demeure existant à l'époque où ces styles prirent racine. Quant au mobilier, le style classique n'a aucune raison de paraître vieilli, les chaises ou les fauteuils à oreilles anciens s'associent très bien aux accessoires modernes en acier, ou à des matériaux plastiques transparents, et les canapés ou divans traditionnels s'associent aussi à des éléments laqués ou à une surface de verre.

Les meubles les plus caractéristiques sont les grandes commodes, les petites tables de style classique et, par-dessus tout, les vitrines, un élément qui ne doit manquer dans aucune pièce classique.

Les éléments accessoires sont tout aussi importants : le bois, les marbres, les miroirs aux cadres dorés ou les tissus aux couleurs intenses comme le bleu, le vert, le grenat ou les tons pastel s'harmonisent parfaitement avec ce style actuellement en plein essor.

▲ *Les soies de couleur vive se marient très bien avec un lit de style et créent une ambiance romantique et élégante.*

▶ *En ouvrant des arches et en supprimant des portes, pour obtenir plus d'ampleur et pour que la maison n'apparaisse pas plus moderne que le mobilier qu'elle contient, on a pris soin de conserver les moulures des encadrements des portes, les plinthes, et toutes les corniches et frises. N'importe quel aménagement doit toujours s'accompagner d'un ensemble de détails ornementaux qui, en définitive, contribuent fortement au succès final et dotent la demeure de caractère et de personnalité.*

Les motifs doivent être aussi en rapport avec cette époque et les dessins qui représentent des oiseaux, des fleurs, des fruits et des feuilles, ou bien les dessins d'époque comme les blasons sont les plus conseillés. De même, les rayures sont préférables aux carreaux. Les rideaux et même les draperies qui vont jusqu'au sol sont très fréquents, presque indispensables, dans des décors de ce type. Les premiers s'utiliseront dans les salles de bains et les cuisines, mais jamais dans les salons et les salles à manger où

le procédé le plus traditionnel consiste à laisser la partie inférieure des rideaux reposer légèrement sur le sol. Ils doivent toujours être doublés, de préférence avec un matériau isolant, pour empêcher le rapide refroidissement de la pièce et atténuer légèrement les bruits, tout en évitant que le tissu principal ne se salisse. Un procédé élégant d'un grand effet esthétique est de maintenir les rideaux toujours fermés et de les attacher pendant la journée avec des rubans ou des cordons.

De toute manière, si vous désirez recréer une ambiance classique dans votre intérieur, il ne faut pas prêter attention à la réputation de ce type de mobilier que l'on dit coûteux, car de nos jours, il est possible de trouver des pièces classiques moins chères que les meubles modernes de style. Les chaises sont peut-être les plus chères. Pour trouver quelque élément de ce style, une bonne idée est de parcourir les marchés aux puces. On peut y trouver des surprises incroyables à des prix encore plus incroyables.

▲ Dans le monde de la décoration, où l'on essaie de créer un climat très classique et élégant, mais qui, en même temps, ne soit pas en conflit avec les goûts actuels, le blanc sur blanc s'impose inévitablement. Il est, une fois de plus, sur le devant de la scène. A ce sujet, il faut encore souligner que dans le domaine de la décoration parier sur le blanc, c'est parier à coup sûr. Avec ce pari, le résultat sera toujours satisfaisant.

FANTAISIE, COULEUR, RECYCLAGE ET DESIGN

L'imagination est l'un des facteurs les plus indispensables pour créer une décoration originale, en recyclant tout ce que l'on trouve, et en redistribuant l'espace pour lui donner un nouvel aspect tout en disposant des mêmes éléments que dans la décoration antérieure. Le plus difficile est de savoir commencer, mais ensuite, l'imagination, une fois déliée, poursuit son chemin et est capable de faire des miracles. On est parfois étonné de sa propre inventivité une fois qu'on a appris à regarder les objets sous un angle nouveau. C'est pourquoi, dans ce chapitre en particulier, et dans le livre en général, sont exposés quantité d'intérieurs, d'objets, d'idées ingénieuses, innovatrices et attrayantes qui peuvent instruire tout amateur de décoration dans ce domaine qui se fonde sur la créativité, l'application de la couleur et le recyclage d'objets.

Apprendre à se débarrasser des idées conventionnelles et être capable de voir sa propre maison comme un espace où l'on peut faire des expériences n'est pas si facile. En général, les changements et les innovations font un peu peur. L'audacieux qui sort des schémas peut toujours échouer, puisque c'est en réalité un saut dans le vide, mais qui par ailleurs apporte souvent une grande satisfaction.

L'importance et les avantages du recyclage et de l'application de la couleur à la décoration sont nombreux. Avant tout, nous vivons à la fin d'un millénaire où nous sommes tous conscients de la nécessité de ne pas gaspiller ou de ne rien jeter par les fenêtres. Le recyclage est à l'ordre du jour.

De plus, de nos jours, les meubles et objets décoratifs sont très coûteux et l'on n'est pas toujours disposé à bouleverser la décoration pour moderniser la maison et bien s'y sentir, ni à tout renouveler quand on change d'appartement, ni à acheter le meuble rêvé quand on n'en a pas besoin. Recycler est économique et divertissant et donne sans doute à toute maison une touche supplémentaire personnelle et originale. Parce qu'il est certain que si on invente la couleur, si on change la fonction d'un meuble, si on lui donne une finition autre, on ne trouvera nulle part ailleurs de pièce semblable à celle créée.

Les propositions présentées dans ce chapitre constituent autant d'idées, de suggestions et de fermes invitations qui permettront de constater que dans le monde de la décoration, les choix sont presque infinis et que, aussi complexe que la tâche puisse paraître, et quelles que soient les difficultés que présente la pièce à décorer, il y aura toujours possibilité de la convertir en une pièce intéressante, attrayante et de caractère, ce qui, au départ, semblait voué à l'échec.

Dynamisme des formes et volume

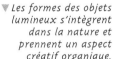

Les formes des objets lumineux s'intègrent dans la nature et prennent un aspect créatif organique.

▲ Les matériaux organiques utilisés se fondent avec la décoration végétale.

En entreprenant la décoration d'une demeure nous projetons une vision déterminée de son intérieur, en définissant et en concrétisant son image et son caractère. Une bonne distribution de l'espace, outre ses aspects esthétiques, et quel que soit le projet décoratif, est un facteur d'ordre et facilite les tâches pratiques de la vie quotidienne. Mais l'ensemble acquiert du caractère et une entité propre grâce à la relation entre le volume, les formes et les proportions. Tout cela est valable aussi bien pour une maison neuve que pour une maison habitée depuis un certain temps et qui est sur le point d'être transformée.

Presque toujours, les caractéristiques volumétriques et spatiales d'un corps de bâtiment se répercutent aussi bien sur ses capacités physiques et fonctionnelles (répartition adéquate des fonctions, circulation intérieure, communication facile entre les pièces destinées à des activités en rapport, etc.), que sur son image esthétique et fonctionnelle (perspectives et luminosité). C'est pourquoi il est important de connaître les possibilités dynamiques et les effets qui surgissent de la relation entre les formes et le volume.

On entend par forme n'importe quel élément à trois dimensions qui occupe une partie de l'espace à décorer et qui le modifie et le définit un tant soit peu. C'est pourquoi sa typologie et la variété des emplacements qu'elle peut occuper sont les éléments essentiels qui permettront de faire un usage plus fonctionnel de chaque pièce.

Ces idées prennent une signification particulière quand elles s'appliquent aux meubles qui, en combinant leurs teintes, rythment et dynamisent l'espace.

Assurer une circulation aisée est le premier problème qui doit être résolu au moment de disposer les meubles.

Aucun meuble ne doit rendre le passage d'une pièce à une autre difficile ou y gêner le mouvement. Les dimensions réduites de n'importe quelle pièce peuvent se dissimuler par un procédé qui, avec un peu d'astuce et d'imagination, tire parti de l'espace au maximum (une certaine disposition des éléments, le choix de meubles qui remplissent parfaitement leur fonction mais qui n'occupent pas beaucoup d'espace et ont un style dynamique, l'adoption de meubles polyvalents ou à rallonges qui aident à économiser l'espace mais sans nous priver de leur fonction, etc.).

▶ Le style de ces lampes associées à des meubles en provenance de différents pays donne à cette pièce un aspect éclectique.

On peut distinguer trois types de formes :

Rectilignes. Ce sont les plus abondantes dans n'importe quelle demeure et elles apparaissent aussi bien dans la structure générale des édifices (plan général, pièces, couloirs, etc.) que dans le mobilier (tables, armoires, lits, canapés, etc.) et dans les éléments accessoires (tables basses, porte-revues, tapis, tableaux, etc.). A ce sujet, il faut distinguer les meubles où prédominent les lignes, la silhouette (par exemple, une table), et ceux qui se distinguent par leur aspect massif et solide (par exemple, une armoire). Bien qu'ils occupent le même espace que les premiers, ils créent toujours une plus grande impression de volume de par leurs lignes et leur structure. Les formes rectilignes sont très variées, peuvent s'adapter à n'importe quelle partie de la pièce et permettent, comme nulle autre, de tirer profit au maximum de l'espace disponible, avantage certain de nos jours, étant donné l'étroitesse des habitations. Cependant, il est

monotone de décorer une pièce avec des tables, des armoires, des lampes ou des canapés tous carrés ou rectangulaires, cela produit une sensation inévitable de lourdeur, de manque de dynamisme, et peut être oppressant. Pour éviter cette sensation, il est indispensable de les combiner avec d'autres types de formes. Il n'est pas nécessaire que ces formes soient nombreuses ; un ou deux objets bien choisis et placés comme il faut peuvent réussir à rompre ce sérieux et cette rigidité, et donner à la pièce un air complètement différent et un certain élan.

Angulaires. Elles sont constituées de lignes diagonales et de triangles et présentent un caractère sensiblement plus dynamique que celui des formes rectilignes. D'un point de vue émotionnel, elles provoquent une sensation d'ampleur et de mouvement, d'insouciance, de liberté et de jeunesse. Leur impact dans un espace déterminé dépend du nombre d'angles et de leur taille. Leur grand inconvénient est qu'elles exigent un renouvellement périodique, car

ces décorations provoquent une sensation de fatigue, par conséquent elles s'utilisent habituellement pour des éléments de petites dimensions.

Courbes. Elles sont très dynamiques, féminines et se prêtent à une infinité de combinaisons et à de multiples possibilités mais, dans la pratique, leur présence n'est concevable que dans des maisons qui disposent d'amples espaces. Il est évident qu'elles ne conviennent pas à la structure architecturale ni des maisons ni des pièces que l'on trouve dans les édifices actuels, extrêmement soucieux de tirer parti de l'espace disponible, toujours, sans exception, trop limité. Pour pouvoir se développer dans toute leur splendeur, ces formes dédaignent de nombreux espaces. Mais elles peuvent être utilisées comme objets d'usage courant (vaisselle, verrerie, etc.) ou comme éléments décoratifs (lampes, bibelots, etc.), car le contraste qu'elles opèrent avec les formes carrées et rectangulaires rompt la monotonie de ces dernières et apporte du dynamisme à l'ensemble. Cercles,

cônes, sphères et cylindres, bien qu'ils ne soient pas très voyants, provoquent des sensations visuelles agréables et discrètes. Cependant, dans les demeures actuelles, on doit constamment faire face au manque d'espace, ce qui contraint à préférer les formes carrées ou rectangulaires. De ce fait, il est fort judicieux d'utiliser les formes courbes dans les éléments décoratifs qui occupent une place secondaire : pieds de meuble, dossiers de chaise, vases et autres objets décoratifs et surtout dans les lampes, peut-être l'élément où ce type de formes est le plus efficace.

La lampe suspendue au plafond, les objets bien visibles, font de la cuisine un lieu visuel, confortable et pratique, sans portes où le regard se réjouit du spectacle des assiettes et de la vaisselle de diverses provenances.

▶ Sculptures étincelantes qui créent une ambiance lumineuse et mystérieuse dans une salle de bains, sans caractère particulier. Les reflets de la lumière soulignent les motifs sur le carrelage lisse de couleur.

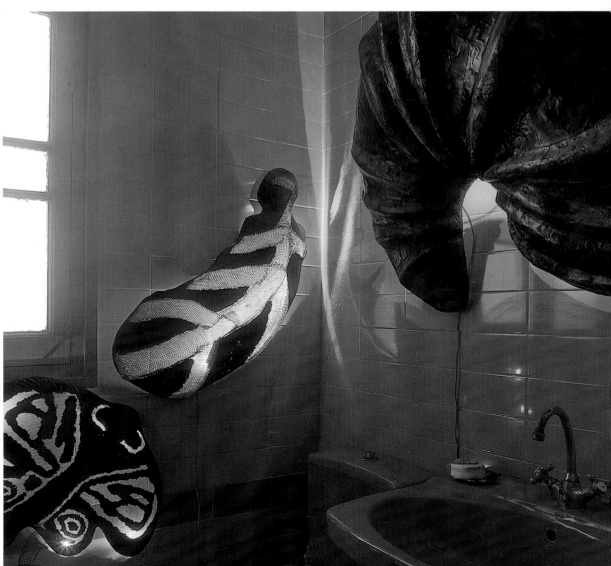

▶ Sur cette autre vue de la salle de bains, les lampes sculpturales de dimensions surprenantes et même démesurées dominent toujours la décoration. Comme on peut le constater, ce type de décoration audacieuse fait appel à un ensemble d'éléments, de couleurs et de critères qui s'écartent totalement du conventionnel ou du stéréotype, en faveur de la singularité et de la personnalité.

La présence de sculptures lumineuses donne encore un caractère très personnel à tous les objets quotidiens d'une demeure en créant une ambiance magique à n'importe quelle heure de la journée grâce à l'éclairage naturel, ou bien la nuit ; n'oublions pas le mystère du crépuscule.

▲ Cela serait un recoin vide, où l'on pourrait difficilement créer une ambiance sans recourir à quelque élément très marqué qui lui donne de la personnalité. De nouveau, les lampes-sculptures exercent ici une fonction essentielle.

▶ L'élément principal, cette sculpture lumineuse, domine une chambre à l'ambiance tranquille et minimaliste.

L'art de recycler

Nous avons tous eu l'occasion de nous trouver devant des meubles et des éléments décoratifs anciens dont nous ne savions que faire. De vieilles armoires héritées de la famille et qui ne sont plus à la mode, des chaises qui avaient été acquises dans des brocantes ou au marché aux puces quand le budget familial ne permettait pas d'autre alternative et qui plus tard, après avoir été remplacées par d'autres éléments neufs, avaient été laissées de côté, jetées dans un débarras, ou des meubles anciens ou très usagés qui ne cadraient pas avec la décoration du logis mais que l'on ne se décidait jamais à jeter.

Il est certain que bon nombre d'objets et de meubles de ce type, tombés en désuétude et démodés, aussi bien en raison de leur style que parce qu'ils ne sont guère commodes, sont incompatibles avec les idées pratiques et fonctionnelles qui régissent la

Cette applique extrêmement voyante, réalisée avec des plumes d'oiseau teintées de riches couleurs, est suffisamment frappante pour décorer à elle seule cet espace sans avoir recours à d'autres éléments. L'effet est très chromatique.

Ici, on a créé un climat unique et de grand caractère en se servant de tous les éléments et meubles disponibles, du gabion aux candélabres somptueux. Le résultat est plus équilibré qu'on ne l'aurait espéré. Allumer des bougies est une grande astuce décorative.

décoration des logements modernes, mais, si l'on y regarde bien, la plupart d'entre eux, avec un peu d'imagination, peuvent se convertir en éléments très utiles et singulièrement décoratifs.

Donner de nouvelles fonctions à des meubles anciens, recycler de vieilles chaises, lampes ou tables pour les adapter à un environnement plus moderne, ou réparer, polir et cirer de vieux secrétaires, appareils ou consoles, est une tendance de plus en plus fréquente dans la décoration intérieure car elle offre de nombreuses possibilités et est souvent un choix judicieux aussi bien d'un point de vue

fonctionnel qu'esthétique. Le succès des magasins qui vendent des meubles et des accessoires qui, par leurs formes et leurs matériaux, tentent d'imiter les commodes, les secrétaires ou les écritoires anciens en est la preuve. Cependant, se décider pour ce type d'achat représente toujours une dépense importante et implique en même temps la perte du charme pittoresque de l'authentique recyclage, et l'on se voit contraint de se soumettre aux modèles existants, sans pouvoir apporter la touche personnelle liée à la récupération d'un meuble ancien.

Voici quelques idées qui permettront d'intégrer à la décoration de la demeure, avec des résultats surprenants, de vieilles machines qui sont restées stupidement à la maison pendant longtemps car on ne savait pas quoi en faire. De toutes manières, il ne faut pas oublier qu'aujourd'hui il n'est pas difficile de trouver dans les brocantes, les magasins d'antiquités et même les ventes aux enchères des pièces

La galerie est la partie la plus ensoleillée de certaines demeures et on n'en profite malheureusement pas toujours, car pour l'intégrer il faut faire des travaux. Cependant, il existe toujours une bonne solution, par exemple créer sa propre galerie d'art, en la remplissant de tableaux.

Et pourquoi ne pas refaire la salle de bains ? Parfois en rachetant un vieil appartement, si la salle de bains ou la cuisine sont très détériorées, le mieux est de tout refaire. Cette salle de bains minimaliste est meilleur marché, plus décorative et aussi simple qu'une salle de bains de style réalisée avec un petit budget.

intéressantes et à bon prix qui peuvent se racheter et s'utiliser d'une manière satisfaisante dans la décoration de la maison.

Meubles de bureau. Jadis meubles à usage spécifique dans diverses professions, les meilleurs alliés des artisans, des notaires ou des ébénistes, ils avaient de nombreux compartiments pour séparer ou classer, (tiroirs, étagères, classeurs, etc.). Aujourd'hui ils sont à la mode de par leurs diverses utilisations et leur effet esthétique. Ainsi, par exemple, une vieille herboristerie aux nombreux petits tiroirs peut se voir attribuer bon nombre d'usages spécifiques. Il suffit de décider où l'installer et quelle fonction lui attribuer (classer les épices dans la cuisine, ranger séparément sous-vêtements, mouchoirs, chaussettes ou cravates, ranger bobines de fil, boutons et autres accessoires de couture, cassettes vidéo, disques compacts ou cassettes, entreposer papiers, documents ou factures et, même, les plus fanatiques de l'ordre pourront s'en servir pour y mettre tous les petits objets qui traînent toujours dans la maison (crayons, briquets, mouchoirs de papier, pinces, trombones, etc.).

Il n'est pas donc pas difficile de recycler ce type de meuble, car son bois brut pourra se marier avec n'importe quel style de décoration.

De même les écritoires, bureaux ou classeurs de notaires et avocats, qui se caractérisent par un rideau qui dissimule toute la partie supérieure du meuble de travail qui comporte étagères et tiroirs de différentes tailles, peuvent être utilisés de diverses manières, tout en conservant leur fonction originale de bureau de travail ou d'étude, ce qui, de plus, peut apporter une touche d'élégance classique à la décoration de la pièce. Une imagination audacieuse permettra même d'y installer la télévision, le magnétoscope ou la chaîne hi-fi, qui resteront cachés quand ils ne sont pas utilisés ; ou d'aménager les tiroirs et les étagères en meuble à chaussures original. Si le meuble est un secrétaire ouvert sans rideau, il peut avantageusement servir de pièce ornementale dans le vestibule ou le salon.

Malles. Tous nous avons eu l'occasion de nous retrouver face à la «vieille malle de la grand-mère». En général, on ne sait pas quoi en faire, car elle est encombrante, on ne trouve pas d'endroit où la mettre, et on va même parfois jusqu'à s'en débarrasser.

Quand le salon et la cuisine occupent un espace long et étroit, presque à la manière d'un couloir, on peut mettre ces espaces en valeur en y plaçant divers éléments.

Voici une chambre atypique car elle pourrait mieux se qualifier de grande pièce tout terrain dominée par le lit. Tout ce que contient la pièce évoque diverses ambiances, toutes très différentes. Et c'est précisément l'audace qui donne du caractère à l'ensemble.

Cependant, ces malles peuvent prendre une importance particulière si, par exemple, on les met en valeur dans un vestibule. Au-dessus, on peut accrocher au mur un élégant portemanteau assorti à la malle, ou un tableau ; sur cette malle, on peut aussi installer un téléphone, des plantes ornementales ou quelque objet décoratif.

Si on l'installe dans la salle à manger ou le séjour, elle peut contribuer à créer dans l'ensemble de la pièce une impression de sobre élégance.

Dans tous les cas, les malles seront très utiles pour ranger, en été, couvertures et vêtements d'hiver, qui posent toujours des problèmes de place, ou on pourra les convertir en meubles à chaussures très pratiques.

Enfin, si la malle est petite et si ses proportions s'accordent à celles de la pièce, on pourra penser à l'utiliser comme table de nuit originale.

Chaises et fauteuils. La marche à suivre pour rénover ce type de mobilier est assez simple, mais très efficace. Tout d'abord, il faudra nettoyer et vernir ou peindre le bois, et ensuite, le cas échéant, il suffira de tapisser les sièges ou de changer les housses en choisissant des tons et des motifs en accord avec la décoration de la pièce à laquelle ils sont destinés pour obtenir des résultats très surprenants.

Armoires, petites tables et buffets en bois. Si l'on désire changer l'aspect original de quelque élément démodé ou détérioré par les

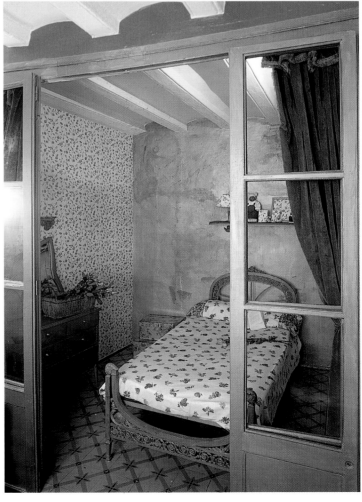

▶ *Ici, on a récupéré des portes vitrées en les adaptant à l'arche qui donne sur la petite pièce pour créer une alcôve qui s'ouvre sur le salon, et gagner ainsi une chambre. Le lit, repeint et adapté à son nouvel environnement, provient aussi d'une brocante.*

▶ *Ici on associe des couleurs
voyantes à des tons doux, ce
qui permet de diviser l'espace
du salon en diverses zones,
sans avoir besoin de créer
des séparations.*

offrir des solutions superbes : un
petit tabouret de bar en bois peint,
une colonne surmontée d'une
petite plate-forme, une petite
table pliante avec plateau, une
petite table ancienne dotée de
petits tiroirs, ou, simplement, des
classeurs assemblés pour créer
ainsi une petite table aux
nombreux tiroirs, toujours très
utiles près du téléphone.

Petits objets. En général, les
objets les plus petits sont très
décoratifs et il est toujours possible de leur trouver une infinité
d'usages. Toutes sortes de récipients, comme de vieilles marmites, des seaux de cuivre ou
d'aluminium ou une théière
ancienne, peuvent se convertir
en jolis vases ou pots de fleurs, et
de vieilles auges de bois en corbeille à fruits. De même, on pourra
obtenir de bons résultats en
redonnant vie à une vieille boîte
aux lettres typique qu'on peindra
d'une couleur moderne en lui ajoutant quelque motif personnalisé,
ou à une vieille grille en l'adaptant
comme tête de lit.

Idées astucieuses. Pour ceux
qui aiment les styles de décoration
informels et audacieux, il y a toujours des idées très originales :
transformer un ancien joug à
bœufs en portemanteau, un
confessionnal en espace pour le
téléphone ou utiliser un comptoir
de magasin comme meuble-bar.

▲ *Bien que toute décoration
doive être marquée par le sens
de la mesure, l'équilibre et
l'unité, cela n'implique pas que
dans une pièce ou un espace on
utilise le même style. Cette
illustration montre les énormes
possibilités que peut offrir un
choix réussi de meubles et
d'accessoires de styles différents
mais judicieusement choisis.*

ans, il suffira de lui appliquer une
bonne couche de peinture, de
remplacer les poignées par
d'autres plus modernes ou de
placer sur les serrures de simples
ferronneries pour les convertir à
nouveau en pièces très actuelles.
A ce sujet, il est conseillé d'utiliser
des tons audacieux comme le
bleu turquoise, le jaune ou le vert,
et de les adopter pour la cuisine
ou pour une chambre d'enfant.

Une autre option, de plus en
plus à la mode, consiste à doubler
ces vieux meubles ou éléments de
toile assortie aux murs ou à

quelque autre élément de la décoration de la pièce à laquelle ils sont
destinés. Ils deviendront certainement des meubles élégants et
divertissants.

Petite table pour le téléphone.
Le téléphone n'est pas un élément
qui se distingue par son charme.
Cependant, de nos jours, il est
impossible d'imaginer une
demeure qui n'en ait pas un. Sa
valeur esthétique et son importance ornementale dépendront
dans tous les cas du lieu où l'on
décide de l'installer, et dans ce
sens, la mode du recyclage peut

▶ *Dans cette salle de bains,
le lavabo sort de l'ordinaire,
défie les normes et ose
innover avec un style très
personnel. Il s'agit d'une
cuvette en acier inoxydable.*

Tout en ordre

Pour les amateurs, les tâches culinaires sont intéressantes et gratifiantes et peuvent même servir à combattre le stress. Mais l'art culinaire, comme toute autre forme d'art, et peut-être même plus encore, requiert certaines conditions indispensables.

Pour pouvoir effectuer les tâches propres à la cuisine avec commodité et efficacité, il est indispensable de disposer d'un espace agréable, toujours propre et ordonné, qui incite à passer de longues heures dans la cuisine au milieu des ustensiles, à préparer des plats qui fassent de l'élaboration d'un repas un plaisir et non une corvée pénible et fastidieuse. On ne se plaira jamais dans la cuisine si, constamment, il y a de la vaisselle sale dans l'évier, si les plans de travail sont encombrés, ou si on n'a pas prévu un lieu de rangement pratique pour les différents ustensiles.

▶ Nous avons évoqué comment l'on pouvait délimiter les différentes zones d'une maison, une fois les cloisons abattues, en créant des dénivellations. Ici l'on voit comment on peut obtenir le même résultat avec des plafonds de hauteur différente. Ceci est d'autant plus souhaitable lorsque ces derniers méritent d'être mis en valeur.

La première difficulté est de disposer de manière adéquate tous les éléments de la pièce, en particulier appareils ménagers et mobilier, afin de faciliter le déplacement et les activités habituelles qui se déroulent dans une cuisine. Il convient donc de placer à côté de l'entrée, les appareils qui servent à entreposer les aliments, comme le réfrigérateur pour les denrées périssables et les boissons, et le congélateur, ainsi que tout autre meuble qui servira de petit garde-manger. Il est conseillé de disposer

◀ La meilleure façon de maintenir une maison en ordre est de créer des recoins et des pièces individuelles fonctionnelles afin que chaque chose ait sa place et que chaque activité se déroule dans un lieu précis. Ceci ne veut pas dire qu'une pièce ne puisse avoir deux fonctions comme ici la salle à manger, qui par sa décoration peut servir aussi de lieu de travail.

▶ Le salon est à mi-chemin entre un style très moderne et un style classique. Le canapé, par exemple, a des formes classiques mais il est, par ailleurs, recouvert d'un tissu dernier cri. Ces contrastes font que les décorations sont attrayantes car elles sont très personnalisées.

d'une étagère pratique complémentaire qui servira, par exemple, à déposer les dernières courses, avant de les ranger.

Les plaques et le four sont les éléments principaux du coin cuisson, qui doit également comporter des étagères pour les épices, l'huile, le sel, le vinaigre et autres éléments d'usage courant, qu'il faut avoir à portée de main quand on cuisine.

A proximité, il faudra placer le coin vaisselle avec un évier à un ou deux bacs. Dans un placard situé sous celui-ci, on peut mettre la poubelle et le produit à vaisselle, la lavette, l'éponge, etc. et dessus, contre le mur, on placera un égouttoir.

Entre la zone de cuisson et le coin vaisselle, il faut prévoir une zone de préparation pour couper les aliments qui vont être utilisés, battre les œufs ou préparer une salade.

◄ *La tête de lit fait aussi office de placard à portes coulissantes. C'est un moyen de gagner de la place dans les grandes chambres.*

doit servir. Certains de ces meubles sont vraiment ingénieux et originaux. Les compartiments sont de tailles différentes pour permettre le classement rationnel des divers ustensiles, et profiter en même temps au maximum de l'espace disponible. Ils sont commodes pour ranger faitouts et casseroles, et certains sont même équipés de paniers demi-lune fixés à la face interne de la porte, de sorte que, en les ouvrant, les provisions «sortent toutes seules du placard» sans qu'il soit nécessaire de se pencher et de fouiller à l'intérieur.

Il ne faut pas oublier les meubles d'appoint sur roulettes et au besoin pliants (chariots, tables qui se déplacent sans difficulté en transportant les éléments), qui serviront dans n'importe quel coin de la cuisine en fonction des besoins du moment.

Il n'est pas indispensable, mais très pratique, de disposer d'un endroit qui permette de ranger les petits appareils électroménagers et autres accessoires comme les plateaux, les passoires et autres récipients.

L'idéal est de parvenir à placer à portée de main, parfaitement rangés, l'énorme quantité d'ustensiles qui s'accumulent dans la cuisine. La dépense d'autrefois où, dans de grandes armoires, on entreposait un peu de tout, a disparu, et à sa place on trouve désormais sur le marché des meubles spécialement conçus pour les denrées qu'ils doivent contenir et adaptables à tous les espaces, de sorte que chaque objet se trouve près du lieu où il

► *Deux étagères, une valise et une malle recyclées, une vieille chaise, un lampadaire et un joli dessus-de-lit ont suffi pour créer une atmosphère raffinée et confortable dans une chambre qui par elle-même n'a rien de particulier.*

► *Cette salle à manger a été placée dans le passage entre la cuisine et le salon. La grosse ampoule décore à elle seule la table moderne à rallonges complétée par des chaises recyclées.*

◄ *En regardant les poutres du plafond, on peut voir que cette grande pièce a été obtenue en supprimant une petite pièce qui se trouvait au fond. En l'incorporant, on y a installé le bureau et on a conservé le changement d'orientation des poutres apparentes pour diviser en quelque sorte la pièce.*

▲ *Dans un loft, les meubles de rangement doivent être polyvalents pour permettre à des objets très différents d'y cohabiter : livres, vaisselle, souvenirs, ornements, tableaux, etc. Le plus pratique est d'utiliser des meubles qui peuvent s'agrandir en fonction des besoins.*

Une bonne planification

Déménager ou s'installer dans un appartement pour la première fois est une décision très importante en elle-même en raison de tout ce que cela représente dans la vie de quelqu'un. Une demeure n'est pas quelque chose dont on change souvent, ce n'est pas non plus un objet supplémentaire. Elle doit exprimer notre manière d'être, synthétiser et exprimer nos goûts, transmettre et refléter notre personnalité, avec son caractère, ses sentiments, etc. C'est pourquoi, avant d'entrer dans une demeure et même, avant de la choisir, il est indispensable de réfléchir et de penser à ce que l'on désire vraiment, à ce dont nous avons besoin, quelles sensations nous avons envie de trouver.

Entreprendre la décoration d'une nouvelle maison signifie qu'il faut essayer de mener à bien un projet ou un ensemble d'idées propres représentatives de ce que l'on veut obtenir dans l'espace dont on dispose.

Bien que le projet initial soit toujours déterminé par les dimensions et la structure du bâtiment, ainsi que par des questions d'ordre personnel ou pratique, il convient de consacrer un *effort considérable* à cette étape préalable afin de tirer le meilleur parti possible des ressources dont on dispose et permettre à ces *intentions initiales*, c'est-à-dire l'image que l'on veut donner à la maison, de se concrétiser. De plus, ces premières décisions indispensables sont celles qui peu à peu suggéreront et définiront les matériaux et les structures les mieux adaptés aux différentes parties de la maison, ou les couleurs et les éléments les plus adéquats.

La maison doit être un lieu où l'on se sente détendu et à l'aise. C'est pourquoi elle doit s'adapter aux nécessités des individus qui y vivent. C'est le centre de la vie où se déroulent des activités fort différentes entre elles et fondamentales pour l'existence de ceux qui y habitent, comme faire la cuisine, laver, étudier ou se reposer tranquillement après une rude journée de travail. A la différence d'un bureau ou d'une usine, où s'effectuent une série d'activités très concrètes qui, bien qu'elles nous concernent directement, sont conditionnées par des causes ou des volontés qui nous sont étrangères, le traitement de l'espace que nous habitons dépend de nous. C'est pourquoi il nécessite une planification attentive qui assure la répartition des différentes pièces où se dérouleront des activités diverses, ainsi que la manière la plus efficace de les relier entre elles.

Une bonne manière d'examiner dans un premier temps l'espace dont on dispose consiste à réaliser une étude de la superficie en deux dimensions au moyen d'un dessin ou d'un diagramme schématique. Celle-ci doit être uniquement une simple esquisse composée essentiellement de formes circulaires à base de lignes et de flèches qui indiquent la communication entre les différents espaces. Il s'agit d'un

▲ *A défaut de vestibule, pièce qui à mesure que les appartements se font plus petits n'est plus considérée comme nécessaire, cette maison a été aménagée de façon que l'escalier serve de paravent et dissimule la salle à manger pour qu'en entrant dans la maison, on ne fasse pas directement irruption dans l'intimité du foyer.*

▶ *Détail de l'escalier où la partie inférieure a servi à installer le bar-buffet. Sur cette photo, on montre comment dans une même pièce peuvent cohabiter des styles très différents, car tout ce que l'on peut contempler ici est moderne, à la différence du mur opposé, qui figure sur la photo de gauche, où le miroir a été recyclé.*

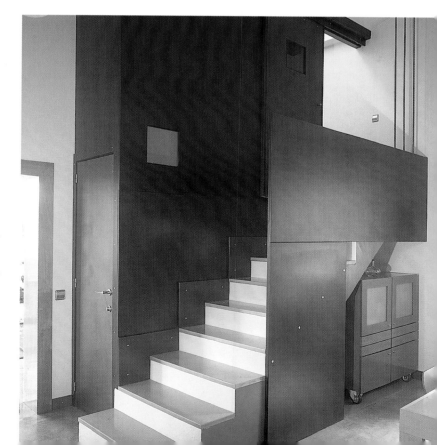

dessin très simple et peu précis quant aux dimensions réelles, mais très utile pour commencer à séparer les parties les plus bruyantes de la maison des plus calmes et situer les différentes pièces du logis.

Il convient d'examiner les diverses possibilités qu'offre la répartition des pièces et leur lien avec les autres espaces jusqu'à ce que l'on trouve la disposition qui convient le mieux aux goûts et aux besoins de chacun. Après cette étape initiale, on passera à une étude plus concrète en étudiant un plan horizontal qui indique les dimensions exactes des pièces et leur situation à l'intérieur de la maison ainsi que la disposition des portes et la dimension des couloirs. Ces plans se font à l'échelle, de sorte que l'on peut les reporter sur une feuille, et permettent de voir clairement les différences de dimension entre les chambres.

Ensuite, il faudra dessiner un plan individuel de chaque pièce, à plus grande échelle, pour étudier attentivement la disposition des meubles et des éléments nécessaires à une utilisation correcte.

Pour que le plan soit représentatif de l'espace dont on dispose et utile pour le travail de décoration, il doit tenir compte des éléments suivants et les indiquer :

- Murs porteurs et cloisons en dur
- Différences éventuelles de niveau au sol
- Prises de courant et interrupteurs
- Placards encastrés ou autres éléments fixes comme la cheminée, l'escalier ou les sanitaires

▷ *Dans les chambres d'enfants il est très important que les couleurs soient riches, gaies et dynamiques. Il faut toujours chercher un certain équilibre dans l'alliance des couleurs en se rappelant que l'enfant passe de nombreuses heures dans sa chambre. Par conséquent, il convient que la décoration ne fatigue pas.*

▷ *La décoration d'une chambre peut aller du plus chargé au plus dépouillé. L'important est de trouver un thème qui lui donne vie et chaleur. Ici tout est dans le choix des textiles qui, grâce à leurs teintes vives et allègres, créent l'impact nécessaire à remplir adéquatement la pièce.*

- Emplacement des portes et fenêtres et sens d'ouverture
- Emplacement du chauffage s'il existe

Pour finir, il est intéressant de rappeler qu'aujourd'hui il est possible d'acheter sur plan, c'est-à-dire avant que l'immeuble soit construit, en se référant aux plans du projet. Le grand avantage est le prix, mais il est indispensable de s'assurer que l'opération ne soit pas frauduleuse. Il est arrivé que des acheteurs aient été victimes d'escroqueries.

▼Dans ce duplex, dont nous connaissons déjà la salle à manger, l'escalier et les chambres, la cuisine est également ouverte et séparée de la porte d'entrée par un paravent de hauteur moyenne. Elle dispose d'un bar à l'américaine qui sert de salle à manger quotidienne.

▶A la différence des autres espaces, le couloir de la maison est presque aseptisé, il ne dispose d'aucun type de décoration, mis à part l'impact créé par la couleur des matériaux et le tableau vivement coloré situé au fond du couloir.

◀ Le salon, intégré lui aussi à l'espace de la salle à manger et de la cuisine, dispose également de meubles aux lignes modernes très agréables, tant et si bien qu'ils peuvent être considérés comme classiques, comme cette cheminée de style original.

▶ Des lignes d'une simplicité étudiée et une décoration élégante et austère caractérisent cet espace polyvalent, moitié cuisine, moitié office, moitié bar américain. Il s'agit, en définitive, d'une excellente démonstration où l'imagination et l'étude de l'espace peuvent contribuer à augmenter les possibilités qu'offre la demeure, sans diminuer les prestations que l'on attendait d'elle.

Contigus mais séparés

Dans une maison, il existe un ensemble de pièces dont chacune a une fonction et est destinée à un usage précis. Mais dans la vie quotidienne, certaines activités ont entre elles des liens si étroits qu'il faut absolument que la conception de la maison tienne compte de cette réalité : cuisine-salle à manger, salle à manger-salon, chambre-salle de bains. Ainsi, au moment d'effectuer la répartition des pièces, il ne faut pas négliger la relation entre les espaces qu'occupent par exemple la cuisine et la salle à manger. Dans la première on prépare chaque jour les aliments qu'ensuite l'on sert et l'on déguste dans la seconde ; c'est pourquoi les deux pièces doivent être contiguës et le passage de l'une à l'autre facile et rapide. Il serait peu agréable et fatigant de devoir traverser un long couloir ou même une pièce chaque fois qu'il faut servir un plat, ou au moment de débarrasser la table. Et il ne s'agit pas seulement des longs déjeuners tranquilles. Dans une famille qui comprend plusieurs membres, ces inconvénients peuvent s'accentuer lorsqu'il s'agit de prendre un petit déjeuner rapide pour aller au travail ou, l'après-midi, à l'heure du goûter des enfants. De plus, l'époque des domestiques qui s'occupaient de préparer le repas à l'heure dite est révolue, et avec l'entrée sur le marché du travail de la femme qui, dans une grande mesure, se consacrait à cette tâche, il convient d'utiliser deux pièces proches pour la cuisine et la salle à manger.

Cependant, il existe des solutions beaucoup plus modernes et originales.

Si les dimensions de la cuisine sont suffisantes, on peut envisager d'y installer une table avec des chaises pour créer un petit coin salle à manger que l'on utilisera pour prendre le petit-déjeuner, le goûter, et même les «repas sur le pouce» typiques des jours de travail. Si l'espace ne le permet pas, il est toujours possible d'utiliser tables et chaises pliantes que l'on retirera en débarrassant la table, ou une table-panneau type «breakfast». Il est important de prendre des mesures pour éviter l'inconvé-

nient de manger dans un lieu peu agréable où règne le désordre occasionné par le travail quotidien du cuisinier.

Pour les studios, où il faut réunir en une seule pièce salle à manger, cuisine et même la chambre, il faudra se contenter d'installer contre le mur une cuisine de dimensions réduites où seront encastrés les appareils ménagers indispensables.

Pour éviter les inconvénients dus à l'étroitesse du logement, il faudra délimiter des zones destinées à diverses activités et créer un lieu où il fait bon vivre sans détruire l'impression d'espace mais en utilisant au contraire ces divisions à des fins décoratives. Recouvrir le sol de la cuisine d'un matériau différent donnera de bons résultats.

On trouve aussi dans un espace unique salon, cuisine et salle à manger lorsque l'on reconvertit d'anciennes usines ou des bureaux, tendance très courante actuellement, où on laisse habituellement tout l'espace ouvert

◀ Chaque décoration intérieure doit correspondre au mode de vie des propriétaires de la maison. Ici on a donné beaucoup d'importance au coin salon tandis que la salle à manger se réduit à un coin exigu et intime. La diversité des coloris sur les murs crée visuellement divers espaces.

pour ne pas le réduire. Si l'espace est suffisant, on peut décider de séparer la cuisine de la salle à manger par un meuble de hauteur moyenne, ou simplement en utilisant des types d'éclairage différents. Dans tous les cas, il sera toujours préférable de ne pas diviser la pièce. La sensation d'ampleur est toujours positive.

Enfin, si, dans un logis, ces pièces sont séparées par une cloison, il sera plus esthétique de la démolir et de la remplacer par un muret en laissant d'un côté un espace pour circuler, ou installer de simples portes coulissantes qui pourront se fermer au besoin.

◄ *La chambre a été aménagée de manière que le lit donne sur le balcon très ensoleillé ; derrière la tête de lit un grand rideau cache les armoires et les penderies, qu'il n'est pas souhaitable de voir du salon.*

▼ *Voici une autre proposition pour décorer une chambre classique que l'on veut intégrer au salon, auquel elle est reliée par des portes coulissantes. Les peintures décoratives et le trompe-l'œil du fond lui confèrent de très grandes qualités et richesse chromatique.*

► *Détail qui montre comment, parfois, bien choisir les rideaux (ici, ils sont rayés et légèrement transparents de façon à laisser passer la lumière et ne pas cacher le paysage, et leur tonalité apporte une touche de gaieté) ainsi que les objets décoratifs est primordial pour compléter la décoration. Cette sculpture de bois emplit l'espace sans trop le charger.*

Ambiance et espaces

◀ La décoration d'une pièce est beaucoup plus facile et agréable à résoudre si l'éclairage est de qualité. Ici on a joué avec l'élégance des blancs pour créer un effet divertissant et tirer parti au maximum de la lumière.

▶ Détail de la photo montrée sur la page de gauche. On utilise, en guise de sculpture, pour fermer l'espace salon, un ancien lit converti en banc.

Bien réussir une pièce ou une partie de cette pièce est l'objectif de toute la décoration et suppose une connaissance approfondie de l'architecture d'intérieur. C'est un tout autre problème, semble-t-il, que celui des diverses parties que doit comporter une maison pour remplir de manière efficace ses diverses fonctions. Ces zones sont au nombre de trois dans une demeure traditionnelle : les chambres et salles de bains ; la cuisine et la dépense, le séjour et le salon. On peut cependant y rajouter la zone de travail – les bureaux – et les lieux de réception (salons occasionnels). Ces zones doivent être isolées dans la mesure du possible, et reliées entre elles de façon appropriée.

Ici, nous constatons le rapport évident entre l'idée «d'ambiance» et celle «d'espace réservé à une fonction bien définie», car on pourra difficilement obtenir un résultat agréable en décorant un espace qui ne corresponde pas à sa fonction. Bien que cela puisse sembler évident, il faut y prêter une attention exceptionnelle lorsqu'on envisage de décorer un logement neuf ou de reconvertir un logement ancien.

◀ Voici un véritable exemple d'aménagement d'un loft. Tous les éléments sont susceptibles d'être changés de place et les murs, en réalité inexistants puisqu'il s'agit de paravents et de gros rideaux, peuvent aussi se placer comme on l'entend.

La décoration intérieure est la touche finale que l'on apporte à une structure architectonique et à la répartition de l'espace intérieur d'une demeure, et le résultat final – l'ambiance – s'obtient en organisant correctement l'espace. L'un des adages les plus connus dans le domaine est celui qui affirme que l'essence d'une architecture intérieure de qualité est la capacité de poser des questions simples, et qu'une décoration réussie contient 98 % de bon sens et 2 % d'esthétique.

Connaître les besoins de la famille et les intégrer à son projet est quelque chose qui doit se faire avant de penser à la décoration. Un espace peu commode n'aura aucun succès quels que soient les efforts que l'on ait fait pour soigner son aspect.

Au moment de décorer chaque pièce, il est important de choisir un centre d'intérêt. Le centre d'intérêt principal est celui qui définit la fonction d'un espace : le coin fauteuil du salon, la table dans la salle à manger, etc. Ce centre d'intérêt principal doit être prioritaire, le reste de la pièce n'étant qu'un complément. Dans la construction actuelle, on trouve fréquemment des espaces qui doivent répondre aux exigences d'une double fonction, comme les salles à manger-salon, ou les cuisines-salles à manger. On résout ce problème en utilisant une décoration dynamique qui vise à intégrer deux espaces sans qu'il y ait conflit, ce que cherche constamment à faire le décorateur.

Aux côtés du centre d'intérêt principal existent des points secondaires dont on doit tenir compte au moment de choisir la décoration d'une pièce. Les plus courants sont :

- Un vide, une fenêtre ou une communication avec l'extérieur, particulièrement si celle-ci est une bonne source de lumière ou offre une vue panoramique intéressante.

- Une cheminée, qui attire toujours l'attention. Le traitement de la zone attenante sera en

relation avec le degré de cohérence ou le contraste que l'on peut ou que l'on veut créer avec le reste de l'espace.

- Un tableau, une collection de tableaux ou un miroir. Il s'agit de centres d'intérêt facilement compatibles avec le centre principal, bien qu'eux-mêmes puissent se convertir en centres principaux, le reste de la décoration, y compris les meubles, devenant accessoire. Ceci peut également se produire avec un meuble de prix, un objet artistique de valeur. Dans ce cas, ils ôtent tout caractère fonctionnel à la pièce qui devient espace de représentation sociale.

Lorsque l'on projette une pièce, il faut créer la plus grande harmonie entre le centre d'intérêt principal et les centres secondaires. C'est une des clés du progrès de l'architecture d'intérieur de ces dernières années, de sa souplesse, de sa capacité à produire et à admettre des effets dynamiques qui se concrétisent en une énorme diversité de leçons pratiques. On peut remarquer que les meubles n'ont pas beaucoup changé au cours des derniers siècles, bien que l'absence de presque tout caractère fonctionnel semble être représentative du mobilier actuel. Cependant, on ne peut nier qu'il se soit produit des changements décisifs tant dans la famille que dans le mode de vie ou la dimension et la structure des habitations. Celui qui répond à ces changements est le décorateur qui doit modifier les caractéristiques de meubles

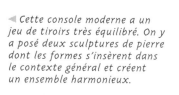

Dans cette vaste salle qui comprend trois zones de séjour différentes, en plus de la chambre, on a différencié l'une d'entre elles en la plaçant sur un podium ; il s'agit en fait du coin bibliothèque que l'on a voulu mettre en valeur.

conçus dans leurs formes fondamentales il y a des siècles, pour les adapter aux besoins actuels qui requièrent une plus grande dynamique. Toutes les solutions techniques, les sols, les perspectives, les lumières et les couleurs, les dessins et les textures trouvent ici leur raison d'être.

En fin de compte, l'objectif conventionnel est l'harmonie, bien que la décoration de tout intérieur doive s'accorder avec la personnalité de celui qui y vit ; c'est de cela que dépendra la réussite. Mais ce que la décoration intérieure actuelle a conquis, c'est la désinvolture apparente et même l'effet de surprise : l'architecte Sir John Soane interdisait le fortuit, le choquant, par exemple sortir d'un grand espace par une petite porte pour accéder à un espace encombré. Ce ne sera pas facile, mais on

▶ *Cette pièce a subi divers traitements. D'une part, le plafond et les lampes évoquent un bâtiment industriel ; d'autre part, les fenêtres, le lit et une partie du mobilier sont très classiques ; et, enfin, les meubles d'usage courant sont d'un style avant-gardiste. Tout s'harmonise de façon surprenante.*

peut toujours obtenir les effets recherchés en jouant avec la lumière, en passant de zones fortement éclairées à d'autres à demi plongées dans la pénombre, en utilisant la texture des sols et la coloration des murs. Pour réussir «son» intérieur, il est essentiel de connaître ses besoins, de rationaliser l'espace dont on dispose, de disposer du budget adéquat et de réserver 2 % à l'esthétique. Mais sans ce 2 %, on n'obtiendra pas de résultats satisfaisants.

Un lieu exotique

◄ *Dans un contexte architectural original conçu par Gaudí, les meubles de cette maison ont été recyclés et traités de façon très personnelle et extrêmement novatrice.*

Le monde de la décoration est immense et l'éventail de possibilités et d'options qu'il offre, aussi bien au niveau du style que de la couleur, du type d'intérieurs, de la distribution des éléments, etc., est infini et capable de s'adapter à n'importe quelles idées et de satisfaire les exigences les plus singulières. Les contacts entre les peuples, une libéralisation des goûts et la modernisation générale de la société ont introduit de nouvelles modes et d'autres concepts décoratifs.

La fascination de l'exotique a toujours existé, mais on la considère, en général, comme un mode de décoration un peu singulier, excentrique et bohème.

► *Couleur, vie, exubérance et beaucoup, beaucoup d'audace font que cette pièce possède un cachet unique et personnel.*

► *Fantaisie, objets inédits et lampes fabriquées en exclusivité, en recyclant de vieilles bouteilles, nous surprennent et baignent le salon de couleur et d'optimisme.*

Normalement, son apport
esthétique se réduit à de petits
détails accessoires, comme par
exemple les tapis persans, les lits
pliants japonais ou de petites
sculptures africaines ou asia-
tiques qui, de par leur beauté et
leur simplicité, s'adaptent à n'importe quel style décoratif. La
modernisation des systèmes de
communication et le croisement
de cultures qui en résulte et, surtout, le développement des
voyages vers des terres loin-
taines et le contact et les
échanges entre des peuples et
des mentalités très distincts, ont
stimulé et augmenté considérablement le goût pour le lointain
et l'exotique, qui de nos jours
s'est transformé en un style
décoratif de plus en plus recherché et qui possède une entité
propre. En effet, créer une
ambiance dans les chambres, les
salles à manger ou les salons en
y plaçant de beaux éléments
pleins de mystère et d'exotisme
est en passe de devenir actuellement une coutume à la portée
de tous, de plus en plus répandue dans le monde occidental.
En effet, de nos jours, contraire-
ment à ce qui se passait il y a
quelques années, il n'est plus
nécessaire d'acheter ce type
d'objets et d'accessoires dans
leur pays d'origine, car il existe
une multitude de boutiques,
même non spécialisées, où l'on
peut trouver de l'artisanat sud-
américain, de l'ébénisterie afri-
caine ou du mobilier et des
objets décoratifs orientaux.

Dans tous les cas, il faut veiller
à ne pas transformer la maison
en une simple collection d'objets
exotiques, mais créer un
ensemble original et cohérent
qui soit une interprétation
personnelle d'où émane toute la
chaleur et le «glamour» de l'exotisme. Il est préférable que les
objets soient simples pour
rehausser la beauté et le coloris
des tissus et des imprimés ainsi
que des matériaux employés.
Les créations modernes les plus
sophistiquées, à base de plastique, de méthacrylate ou de
métaux traités, devront être évi-
tées. Comme dans bien d'autres
cas, il est préférable de n'avoir
que quelques pièces, mais qui
soient originales et de qualité. Ne
remplissez pas la maison de suc-

cédanés et de reproductions
sans aucun caractère ni intérêt.

Ce type de décoration
convient parfaitement à des
espaces aux dimensions réduites
puisqu'il ne nécessite pas la présence de meubles classiques qui
réduisent souvent la sensation
visuelle d'espace.

La plupart de ces objets, fruits
de l'artisanat rural, avec leurs tis-

sus, leurs couleurs et autres éléments authentiques provenant
de ces cultures, ont un charme
spécial, celui de l'exotisme et
des traditions ancestrales. Des
objets aux formes simples, élaborés de manière artisanale et
ornés de petits motifs de couleur
naturelle, créent une atmosphère
unique dans le cadre de la décoration moderne. Masques exo-

tiques, peaux d'animaux africains utilisées comme tapis ou jetées sur le canapé, malles artisanales ou de voyage où l'on pose une lampe ou qui servent de petits meubles d'appoint, objets ornementaux fabriqués à partir de matières comme l'ivoire ou tissus créent une image forte et apportent une touche d'exotisme dans un style décoratif qui évoque les aventures sur le continent africain. Les murs passés à la chaux ou peints de tonalités jaunes, de couleurs vertes ou de tons orangés, ainsi qu'un parquet, compléteront un ensemble qui ne doit pas être excessivement chargé, car sa force primitive et son impact visuel dévoreront l'espace.

Très à la mode de nos jours, le mobilier colonial, élégant, est un bon choix pour compléter n'importe quel type de décoration. Il vient de l'Inde et du Sud-Est asiatique, et se compose essentiellement de bois nobles ou de fer forgé associé à des fibres naturelles élaborées avec des techniques manuelles et artisanales. Tables, chaises, bancs, fauteuils à bascule, casier à bou-

▲ *Plafonds, murs, charpente, moulures et corniches ont été traités avec des peintures spéciales dans lesquelles ont été appliqués des pigments naturels de couleurs très vives. On pourrait dire qu'ici le dénominateur commun de cette décoration est la force des couleurs de la salle à manger.*

▶ *Meubles de toutes origines, recyclés et transformés par l'imagination, lampes et appliques faites maison et une grande dose d'improvisation ont fait que ce salon, malgré les mélanges de style, est équilibré.*

► *Détail de la console où l'on apprécie la délicatesse et la sophistication avec lesquelles les bibelots et autres objets ont été disposés. Il est important de rechercher la manière de composer des natures mortes en s'efforçant d'atteindre un équilibre esthétique. Ce qui semble parfois fortuit est, en réalité, le fruit d'un processus élaboré.*

◄ *Les éléments décoratifs ont été réalisés par des designers à l'aide de bois flotté et de bouteilles en plastique. Tout s'harmonise grâce au contraste.*

teilles, vitrines ou guéridons se convertissent en œuvres d'art d'une grande beauté, résistantes et pleines de sensualité exotique.

Une autre solution économique et imaginative est le mobilier rustique mexicain dont les utilisations peuvent être multiples. Ces meubles se caractérisent par leur légèreté, mais ce qu'ils semblent perdre en solidité, ils le gagnent en éclat car leurs couleurs apportent à l'ensemble une chaleur qui évoque les couchers de soleil intenses et le coloris des oiseaux ou des fleurs exotiques.

◄ *Cette salle, presque chaotique, est pleine de vie et de souvenirs. C'est une maison où les objets, acquis au cours de toute une vie, parlent d'eux-mêmes. L'ambiance est entièrement fantaisiste, mais, dans ce désordre apparent, on trouve un équilibre et une raison d'être décorative dans chaque objet.*

S'asseoir avec élégance

et autres pièces de moindre importance. Ceux de forme cylindrique ajouteront une touche de légèreté aux chambres d'enfants ou aux espaces de second ordre.

Non seulement les coussins en eux-mêmes mais aussi la manière de les placer ont leur importance car leur fonction décorative dépend en grande partie de la manière dont ils sont disposés. En changeant simplement la disposition des coussins, ou en les remplaçant par d'autres, on change complètement l'aspect d'un canapé. Par exemple, pour produire un certain effet de solennité et d'élégance, on peut

▶ Ce recoin purement décoratif n'a d'autre fonction que de réjouir la vue grâce à sa beauté esthétique. En décoration, on aménage certains recoins de la maison presque de la même manière que s'il s'agissait d'une sculpture.

▲ Les revêtements rayés, surtout en soie ou en velours, sont une excellente manière de rajeunir une décoration classique, en lui apportant une touche de distinction et de raffinement.

▶ Dans cette autre prise de vue, on montre de nouveau comment, dans un intérieur classique, appliquer de la couleur aux murs tout comme aux tapisseries rajeunit l'ensemble. Les fleurs forment une tache claire qui donne vie et chaleur.

Le rythme trépidant de la vie moderne a transformé le confort en nécessité absolue pour ceux qui sont soumis à un rythme de travail intense et sont victimes du stress. C'est pourquoi tout ce qui permet la détente et contribue au confort et au calme doit être considéré aujourd'hui comme primordial et être prévu dans une demeure. Après une dure journée de labeur ou de vie en société loin du foyer, une coupure radicale s'impose. Il convient d'arriver dans une maison qui invite au repos, à la détente et au confort jusque dans ses moindres détails.

Il va de soi que, au-delà des arguments esthétiques et décoratifs, nul ne peut mettre en doute le confort que procure un coussin placé sur une chaise, un canapé ou un fauteuil. Le vaste choix de tailles et de formes qu'offre le marché en est la preuve. Mais on ne pense pas toujours qu'un coussin peut être aussi en soi un élément hautement décoratif et de grand effet esthétique. Rien de tel pour être

confortablement assis ou allongé que quelques bons coussins qui, en même temps, ajouteront originalité et fantaisie à l'ensemble décoratif par leur texture, forme et coloris.

Il y a encore peu de temps, on considérait les coussins comme les éléments dont l'apport esthétique était secondaire et par conséquent sans importance, mais actuellement leurs possibilités se multiplient et bien peu de gens osent mettre en doute le rôle fondamental qu'ils peuvent jouer dans un ensemble pour créer harmonie, contraste, fraîcheur et gaieté.

Dans les magasins qui vendent ce type de produit, on trouve des coussins de toutes formes et de tous styles. Ce sont surtout les modèles carrés et rectangulaires qui conviennent à la salle de séjour ou aux salons car ils s'adaptent mieux aux canapés et aux fauteuils, tandis que les coussins ronds apporteront vitalité et insouciance aux chambres

les placer le long des bras d'un canapé, bien rangés et en ligne. Mais au contraire, si on les superpose on produira un effet plus juvénile, dynamique, moins guindé et moins «calculé». Ce même critère peut s'utiliser aussi pour les coussins qui se placent sur le lit.

Dans les magasins, on vend les coussins garnis de polyester, de plume ou de duvet, mais on peut aussi les faire chez soi, ce qui permet de choisir le tissu, les motifs et les couleurs les plus appropriés.

En combinant savamment les tissus des coussins on peut aussi créer d'énormes possibilités décoratives. Ainsi, des coussins unis jetés sur un sofa apporteront une touche sobre et classique, tandis que s'ils sont à carreaux ou à rayures, ils lui donneront un aspect moderne, légèrement fantaisiste.

Pour fermer la housse du coussin, la solution la plus moderne et la plus pratique semble être la fermeture Éclair, bien qu'on puisse le fermer avec un ruban auto-adhésif. Dans ce cas, il faudra se rappeler que l'usure, le volume du coussin ou certaines utilisations peuvent

l'amener à se décoller facilement.

En définitive, l'important est de connaître les possibilités décoratives infinies des coussins, qu'on peut même changer suivant les différentes saisons de l'année pour créer variété et diversité dans la pièce, à condition de toujours respecter la tendance décorative de l'ensemble de l'espace et de la pièce où ils vont se trouver.

◄ Le manque de couleur peut avoir autant d'impact que sa profusion. Pour créer un intérieur élégant, se limiter à jouer avec le blanc, le noir et les gris est un pari sûr.

Sans aucun doute le coussin est un élément simple, économique, aux variantes multiples, qui peut nous aider de manière efficace à modifier l'aspect d'un intérieur ou même à pallier les éventuelles insuffisances décoratives d'un mobilier très humble ou déjà un peu vieilli.

▲ La panthère dans le décor est comme une bague au doigt pour les meubles des années 50. Ce fauteuil à oreilles retrouve toute sa splendeur et son élégance grâce aux motifs du tissu qui le recouvre. Il faut utiliser ce type d'imprimé avec mesure, car il est très voyant.

◄ Voici une pièce où la couleur et les touches frivoles assurent un résultat entièrement satisfaisant. C'est indiscutablement un recoin très féminin, qui maintient l'équilibre précaire de ce qui frise l'exagération.

▲ *Fleurs, coussins, plantes et livres sont les meilleurs compagnons d'un intérieur auquel on veut donner une tonalité chaude. Les murs jaunes accentuent cette chaleur.*

▶ *Blanc et rouge sont une valeur sûre, surtout lorsque les autres éléments décoratifs sont d'une telle sobriété et d'une telle élégance. D'autre part, il faut bien dire que, si on élimine le rideau rouge, la décoration perd toute sa force et son caractère.*

Éclectisme dans la ville

De nos jours, les décisions que l'on prend au moment d'aménager et de décorer une demeure dépendent en grande mesure des circonstances que la vie nous impose. Actuellement, le coût élevé des loyers et des taux d'intérêt, dans l'hypothèse de l'achat d'un appartement, ainsi que les frais d'entretien forment une part importante du budget familial. Par conséquent, il reste une marge de manœuvre fort étroite pour acheter meubles, accessoires et autres éléments, ce qui oblige à improviser des solutions un tant soit peu éclectiques, en profitant des soldes ou même, parfois, des ventes de mobilier d'occasion, au détriment de la beauté et de l'unité de style. De plus, il ne faut pas s'étonner que, étant donné le manque d'espace, beaucoup doivent renoncer à leur projet décoratif s'il n'est pas possible de disposer le mobilier désiré dans un lieu de dimensions réduites.

Après ces prémices certainement compliqués, le travail de décoration doit être le résultat d'un accord parfait entre nécessités pratiques et esthétiques, entre beauté et confort.

Il faut oublier ce vieux lieu commun qui associe l'esthétique à l'inutile et le fonctionnel à l'absence de confort. Il ne faut pas croire non plus qu'une décoration réussie soit nécessairement liée à un investissement économique important ou requière l'intervention de grands professionnels pour en garantir le résultat. On peut mesurer très simplement le succès d'une disposition un tant soit peu éclectique des éléments d'une pièce en éprouvant cette sensation subtile qui nous envahit sur le seuil d'une demeure modeste mais décorée avec goût et imagination. Ce succès peut être dû à la logique harmonieuse que crée une répartition déterminée des éléments,

▲ *Des tons pastel comme le rose sur l'un des murs, et le vert sur celui qui se reflète dans le miroir, contribuent grandement à mettre en valeur certains types d'objets. Le tissu à pois confère quelque chose de naïf à la décoration. Le miroir, avec son cadre peint en blanc, lui donne du poids et de la consistance et le lampadaire apporte une touche de fantaisie.*

▶ *Le jaune et le blanc des murs servent à unifier la grande variété de styles que l'on trouve dans cette chambre : en commençant par la tapisserie près de la tête de lit, puis les mannequins de couturière et enfin le mélange de tissus et de textures, très bien étudié.*

► Un tissu de bonne qualité, un assemblage de caisses et de fleurs exotiques créent dans ce coin un ensemble dont les couleurs et les matériaux sont en parfaite harmonie.

▼ Si l'on dispose d'une collection de chaises cassées différentes les unes des autres, on peut les recycler et monter une salle à manger très originale où pas un seul siège ne sera semblable aux autres. Comme on le voit sur la photo le résultat est remarquable.

ou à l'association heureuse des volumes, textures et couleurs appartenant à des modes ou des styles différents.

Une bonne solution peut être d'installer un mobilier simple pour attirer l'attention sur les accessoires ou sur la peinture des murs. Cela permettra d'obtenir des résultats attrayants même en associant des objets nouveaux et anciens et on pourra placer sans problèmes des objets d'artisanat ou des motifs de différents styles. Il sera de même intéressant d'unifier le langage de tous les espaces de la demeure ; par exemple, en utilisant un seul modèle de carrelage, des tonalités semblables ou un même type d'éclairage. Cela contribue considérablement à centrer sur un point commun le leitmotiv décoratif qui parcourt toute la demeure. De plus, il est vrai que les appartements des zones urbaines n'ont pas toujours un bon éclairage naturel, c'est pourquoi il convient que sur les murs et les sols on applique des tons clairs et doux. L'installation de meubles de faible hauteur peut aussi contribuer à tirer parti de la lumière et accentuer en plus l'ampleur des espaces.

Une autre possibilité pour ces demeures urbaines, généralement dépourvues de personnalité, est de créer une certaine émotion en introduisant des couleurs voyantes et des formes et des textures peu conventionnelles, en exposant des objets qui attirent l'attention et rompent la monotonie ou la tristesse de l'ambiance. Il est courant que ce type de demeure dispose, par exemple, d'un meuble à tiroirs aménagé pour la télévision, d'une petite table basse improvisée, d'un vieux lit de famille ou d'un canapé acquis seulement en fonction de son prix. Tacheter le schéma chromatique de la pièce en peignant les meubles d'appoint de couleurs très voyantes, comme le jaune citron ou le rouge intense, ou bien mettre sur le canapé des coussins de couleurs très vives et contrastées, permettra, outre le côté moderne et attrayant, de changer substantiellement l'ambiance de la pièce et la sensation qui en émane.

Tout ce que nous venons de mentionner n'implique pas bien sûr de grosses dépenses. Il s'agit seulement de trouver quelques astuces

▼ Voici un autre détail de la chambre encore plus encombrée de meubles et d'objets. Cependant, tout est équilibre et harmonie. Le ventilateur du plafond ajoute une touche de confort et de bien-être.

◄ Les bleus, toujours extrêmement agréables aux yeux, sont une valeur sûre dans n'importe quel intérieur que l'on veut décorer. Dans un coin salle à manger ou cuisine, il est conseillé de mettre sur le mur un revêtement en stuc résistant au feu et lavable.

► Chambre personnelle pleine de fantaisie et de souvenirs. Comme un conte de fées.

(elles ne doivent pas être nombreuses) qui parviennent à rompre ce manque de chaleur et de personnalité qui caractérise de nombreux appartements que l'on a surtout cherché, lors de leur construction, à adapter au budget réduit du propriétaire au lieu d'en faire des lieux dotés d'un minimum de confort et de tout ce qui rend une demeure véritablement agréable.

▼ Les dessins qui ornent les murs, faciles à réaliser, sont une des meilleures manières de séparer deux pans de murs traités de façon différente. Les tons roses et les motifs complètent l'effet chromatique.

Harmonie et contrastes

Toute personne qui s'intéresse à la décoration sait déjà qu'il s'agit d'un thème où de nombreux facteurs entrent en jeu et ont leur importance. Une décoration parfaite est le résultat d'un ensemble de facteurs que l'on a réussi à combiner parfaitement entre eux et qui, de plus, s'intègrent de manière satisfaisante à l'espace que l'on a décoré. L'harmonie, les lignes, les proportions, le calcul des superficies… et les couleurs.

Même si elle représente l'un des aspects les plus subjectifs de la décoration, la couleur est d'une grande importance dans tout intérieur car c'est l'un des facteurs qui expriment le mieux la sensation d'appartenance et donnent de l'unité et de la per-

▶ *Quand il y a une forte couleur dominante, tel le rouge des murs aussi bien intérieurs qu'extérieurs, l'idéal est de peindre le reste de tons neutres pour compenser. Le contraste peut être souligné par des éléments décoratifs assortis à la couleur la plus vive.*

sonnalité à la maison. Il est difficile de savoir pourquoi deux personnes peuvent éprouver différentes sensations devant une même tonalité, mais il est certain que cet élément décoratif détermine les sensations physiques et émotives qui accompagnent la perception d'un espace. Il est évident qu'une même décoration, avec une même répartition et des éléments identiques, peut changer considérablement si les couleurs varient.

▲ *Lorsque les murs sont d'une couleur très intense qui absorbe beaucoup la lumière, il faut laisser les plafonds en blanc pour ne pas diminuer la luminosité.*

▶ *Par opposition au salon rouge et selon le même critère décoratif basé sur la couleur, la chambre a été peinte d'un bleu turquoise très intense et, pour des motifs déjà mentionnés plus haut, les plafonds ont été laissés en blanc.*

◀ *Ici, on passe sans aucun problème esthétique d'un vert voyant au rouge éclatant de l'autre salle. Cela prouve que du moment que les couleurs s'accordent de façon harmonieuse, elles peuvent contraster avec audace.*

Il se peut que de nombreuses personnes ne sachent pas bien, a priori, quelles couleurs leur plaisent le plus ou conviennent le mieux au type d'intérieur qu'elles veulent créer. Il est vrai qu'en examinant vêtements et autres objets personnels, on pourra découvrir certaines préférences et les sensations que ces couleurs provoquent en nous.

Il sera surprenant de constater comment on peut changer radicalement l'aspect d'une pièce ou cacher des défauts difficiles à dissimuler en utilisant les couleurs appropriées ; cela est dû au fait que ces dernières ont une

relation étroite avec l'équilibre de n'importe quel intérieur, ce qui est un facteur déterminant pour la réalisation de tout travail de décoration.

Si l'on veut donner un nouvel aspect à une pièce, par exemple au salon, mais en conservant quelques objets (un tapis, les rideaux ou le canapé) de différentes couleurs, il suffira de choisir celui qui a l'aspect le plus agréable et de l'utiliser comme élément de base pour la décoration de l'ensemble. Et, si nous pensons que le blanc immaculé des murs et d'autres éléments marque la pièce de façon excessive, certaines notes de couleurs voyantes comme le rouge ou le vert rompront la monotonie et la froideur du lieu.

Avant d'entreprendre un projet décoratif, il sera bon de réfléchir à ses propres goûts en matière de couleurs et de tons. Désirez-vous créer un espace dépouillé qui donne une sensation d'ampleur spatiale ou un espace comble et chargé d'ornements ? De style traditionnel ou fantaisiste ? Qui soit reposant ou stimulant ? Le choix doit répondre à diverses exigences.

▼ Angle de vue différent. On constate que les plafonds blancs sont l'élément commun qui donne de la continuité à cette décoration, la rend cohérente et lui donne un sens.

Comme nous l'avons déjà mentionné, la couleur est capable, à elle seule, de provoquer diverses émotions, de la tranquillité et de l'harmonie créées par le blanc jusqu'aux tonalités les plus sombres, qui diminuent l'espace et donnent une sensation de recueillement, mais ne sont jamais conseillées dans de petits espaces qui reçoivent peu de lumière naturelle, en passant par les tonalités plus douces, qui amplifient la sensation visuelle d'espace, ou les plus voyantes comme le rouge ou le carmin qui emplissent une pièce de luminosité et de gaieté. De petits changements de tonalité, par contraste, sont souvent très effectifs. Si, par exemple, on désire que dans une pièce le bleu soit la couleur dominante, il ne sera pas nécessaire ni même conseillé de peindre les murs et le plafond de cette couleur, car l'ensemble pourrait être trop sombre ; il suffira simplement, de l'utiliser pour certains éléments (étagères, rideau ou canapé) afin d'obtenir les résultats désirés.

Il ne faut pas oublier que la combinaison de deux ou plusieurs couleurs, qu'elles s'opposent ou s'harmonisent, peut produire des effets dynamiques très différents. Ainsi, si le bleu turquoise peut être excessif pour des objets ou des superficies de grandes dimensions, subtilement mélangé à des tons blancs ou verts, son intensité s'adoucit et devient très agréable. Si l'on veut donner de la vivacité et de la gaieté à une pièce un peu froide ses murs seront peints de couleurs intenses comme le vert ou le rouge. Mais si l'intention est de créer une ambiance marine, tranquille et sereine, on devra harmoniser les tons bleus plus doux avec le blanc, l'ocre ou la couleur terre.

Il faudra aussi tenir compte, au moment de décider des couleurs les plus adéquates pour décorer une pièce, des activités qui vont s'y dérouler, car chaque ton influe différemment sur l'esprit de chacun et, par conséquent, peut convenir plus ou moins en fonction de ce que l'on fait dans cette pièce. Par exemple, dans un lieu destiné à la lecture, les tons clairs comme le blanc, qui invitent à la tranquillité et à la

▶ Voici, en pleine lumière, une décoration extrêmement baroque, chargée d'objets d'origines et de styles divers. La meilleure façon d'obtenir un parfait équilibre dans une pièce qui pourrait sombrer dans le chaos, c'est de l'unifier par une couleur dominante et très puissante.

concentration, seront toujours préférables, tandis que dans les chambres d'enfants les couleurs vives iront de pair avec l'énergie de ses utilisateurs et stimuleront leur imagination.

Les couleurs pures et fortes comme le rouge et le noir conviennent mieux aux lieux un peu solennels, comme une salle à manger élégante, tandis que dans les parties de la maison où la famille se réunit plus souvent pour parler, regarder la télévision ou se reposer, des couleurs moins marquées rendront la cohabitation plus douce et plus agréable.

L'effet que produit le plafond peint est une preuve tangible de l'importance de la couleur dans le résultat final. Une chambre paraîtra plus grande simplement en peignant le plafond d'une couleur un peu plus claire que celle des murs ; si les plafonds sont peints de couleurs sombres, ils donneront l'impression d'avoir disparu ; et si on applique de la couleur seulement au centre du plafond, on créera une sensation de plus grande profondeur.

Enfin, il ne faut pas oublier que nous mettons un certain temps à percevoir et à assimiler les effets réels des couleurs. C'est pourquoi, dans la mesure du possible, il est conseillé de faire des essais avec des objets et des meubles qui peuvent se déplacer facilement pour identifier les tons et les combinaisons qui se rapprochent le plus des préférences de chacun. Ensuite il sera facile de choisir la couleur des murs ou des tapis, rideaux ou canapés.

▶ Combiner les couleurs peut facilement devenir un grand divertissement. Surtout quand on s'attache au détail en ajoutant des touches de rouge dans la pièce verte et vice versa, de manière à ce que les deux pièces s'intègrent dans une seule unité décorative.

CAMPAGNE, MER, HARMONIE ET LUMIÈRE

L'objectif de la décoration des résidences secondaires ne sera pas tant la simple élégance que le confort qui permettra aux occupants de parvenir à oublier les problèmes du labeur quotidien, de se détendre suffisamment et d'éprouver ce «bien-être» magnifique et indéfinissable. Malgré tout, il sera toujours nécessaire de prêter attention aux schémas associatifs qui assureront équilibre des volumes et rythme des couleurs et des tonalités. A partir de dimensions données et d'une répartition de l'espace, et en tenant compte de la nature des sols et des murs, les volumes, les couleurs et l'éclairage sont des facteurs essentiels d'équilibre et d'harmonie. Du respect ou du non-respect de ce principe dépendra la sensation éprouvée : confort, élégance, insouciance, saturation ou incongruité.

L'éclairage naturel est un élément fondamental des maisons de campagne, non seulement parce qu'il détermine la répartition des espaces mais aussi parce que les sources de cet éclairage naturel – les vides, les portes, les fenêtres et les verrières – sont, ainsi que les porches et les galeries, le lien entre l'intérieur et l'extérieur, le passage entre le milieu fermé de la maison et le paysage. Les diverses traditions d'architecture populaire proposent des modèles de construction très différents adaptés à la luminosité dominante de chaque lieu, en accord avec les caractéristiques climatologiques et les particularités de chaque zone géographique.

Le style de la maison de campagne ne doit pas nécessairement être rustique. L'un des styles de décoration les plus agréables est dérivé des grandes demeures rurales où l'on peut trouver d'excellents mariages du populaire et du somptueux proposés par des cultures diverses, et qui forment des ensembles de grande originalité et d'un attrait considérable. Le cottage, résidence secondaire traditionnelle anglaise du XIXe siècle, peut être pris comme exemple de ce style. Le cottage est riche en éléments décoratifs : toiles, appliques, vases de fleurs, etc. De douces tonalités pastel, dans le goût nordique, tranchent sur le bois, et parfois la céramique s'anoblit et devient porcelaine.

Il existe aujourd'hui de multiples possibilités extrêmement attrayantes qui peuvent aider efficacement à ajouter une touche d'élégance à une maison de campagne, mais il ne faut jamais oublier une règle élémentaire : la qualité principale de ces résidences est l'espace. Par conséquent, il faut éviter tout encombrement, qu'il s'agisse de mobilier ou d'objets. Il est très important de savoir en choisir le nombre et, surtout, la qualité. Il est toujours préférable de choisir un nombre réduit d'objets, à condition qu'ils aient du caractère et une valeur propre. Eviter la médiocrité. La qualité intrinsèque des éléments est fondamentale, et est en grande partie responsable de l'essor des magasins d'antiquités, brocantes et enchères.

Un domaine différent des résidences secondaires est celui que définit la proximité de la mer. Nous nous référons à la personnalité indéniable d'une maison sur la côte, style qui, étant donné nos coutumes, a été assimilé à celui de la plage. Si le rustique c'est le confort solide et accueillant de la campagne traditionnelle, la côte est vitalité, luminosité, couleurs dynamiques, joie. Carreaux de faïence émaillée, meubles de rotin ou de bois vernis avec appliques de laiton, céramiques de couleurs vives, etc. Les habitudes dans ces demeures, qui sont presque toujours des maisons de vacances, ne sont pas les mêmes qu'en ville, c'est pourquoi il ne faut pas oublier les aspects pratiques au moment de choisir la décoration, et faciliter le nettoyage. De toutes manières, on travaillera toujours sur une structure dont certains éléments seront laissés bruts, proches de la nature, et pourvue d'espaces qui réjouissent le regard.

Dans le passage suivant, nous présenterons un ensemble de réflexions sur des thèmes ponctuels en rapport avec ce que nous venons de souligner. Nous introduirons aussi idées et images au travers desquelles nous illustrerons clairement ce qui précède.

Un espace harmonieux

Au moment de décider de la répartition des différents éléments d'une pièce, il est incontestable que la forme et la taille de cette dernière font partie des nombreux facteurs qui déterminent l'emplacement des meubles et éléments les plus importants. Cependant, il faut toujours se rappeler que la relation entre les différents éléments décoratifs – sans oublier de tenir compte de l'espace qu'ils occupent – joue un rôle extrêmement important dans l'aspect esthétique et fonctionnel d'une pièce.

Pour créer un ensemble agréable, il est nécessaire de conjuguer les différents éléments qui font d'une pièce une réussite esthétique. Ainsi, un ensemble harmonieux perdra son charme si l'on ne tient pas compte des dimensions de la pièce, car l'on sait en effet que des tons sombres sur les murs tendent à rétrécir l'espace et ne conviennent pas à des lieux de dimensions réduites.

Un groupe d'objets disposés de façon asymétrique a servi à décorer un coin près de la cheminée. Pour rentabiliser l'espace au maximum, on a eu recours à de petits meubles comme par exemple un escabeau de bibliothèque transformé en table d'appoint et une chaise pliante recouverte d'un tissu de coton.

De même, un élément quelconque peut perdre sa beauté si son style ne s'harmonise pas avec celui des autres composants, ou en raison d'un éclairage défectueux.

En résumé, nous dirons qu'il existe une série de concepts qui peuvent aider à composer un ensemble mais qui, en aucun cas, ne doivent faire que la pièce ne soit plus fonctionnelle. Nous les énumérons ci-dessous :

L'échelle. Il est évident que la constitution d'un ensemble dépend en grande partie de la dimension des éléments que l'on va y placer, mais il faut se rappeler que certains petits détails, un objet décoratif par exemple,

◄ Le salon, unifié par des tons clairs, s'ordonne autour d'une cheminée de travertin beige, élément central qui divise l'espace en deux zones symétriques où se répartissent avec ordonnance tableaux, lampes et petites tables, le tout formant un ensemble harmonieux. Les rideaux transparents tamisent la lumière tout en gardant la luminosité de la pièce.

peuvent produire dans la pièce un effet disproportionné à leur taille.

Par conséquent, une analyse correcte de l'échelle de proportions ne doit pas être uniquement une question de taille phy-

► Dans un ample couloir, on a installé une armoire à linge qui rompt la monotonie linéaire de l'espace, souvent mal utilisé. Comme décoration, un panier de massette et une applique en demi-lune. Le stuc terre de Sienne et le bleu nordique de la porte créent des effets lumineux contrastés.

sique, car dans la décoration, l'apparence visuelle est souvent plus importante que la réalité : bien que leur taille soit la même, une table n'offrira jamais la même impression de masse qu'un canapé, car d'un point de vue visuel, ce sont des échelles différentes.

La meilleure façon de trouver les proportions les plus satisfaisantes sera sans doute de réaliser préalablement différents essais, et non de travailler sur plan, et de se fier à la sensibilité et à l'observation personnelles.

L'équilibre. Pour organiser de façon équilibrée l' « intrusion » d'éléments qui occupent une partie de l'espace et obtenir d'eux un résultat décoratif entièrement satisfaisant, nous devons nous concentrer sur des facteurs de type fonctionnel comme les tailles, les couleurs et l'éclairage. A ce sujet, nous pouvons mentionner trois formes d'équilibre :

• *Symétrique.* Elle consiste à souligner le centre d'intérêt choisi, c'est-à-dire le point vers

▲ *Un porche enduit de stuc couleur terre de Sienne a été protégé du soleil par des stores bannes qui permettent la création d'un espace indépendant sur la terrasse, sur laquelle on a installé des chaises longues d'un rouge feu plein de gaieté, et des objets décoratifs de terre cuite, accentuant et marquant ainsi la direction linéaire de la structure du mur. Le sol en terre cuite et les tons ocre créent une certaine ambiance rustique.*

▼ *Une ouverture rectangulaire a été transformée en fenêtre improvisée qui laisse passer la lumière. Sur le rebord sont exposés en désordre des objets et éléments décoratifs qui forment un tout équilibré et symétrique. La table évoque la Provence et les chaises en teck apportent couleur et insouciance à l'ensemble.*

▶ *Si l'on veut aménager avec habileté un espace, il est conseillé de partir d'un élément décoratif principal. Un lavabo de porcelaine ancien est la star de ce recoin. On a placé tout autour une tablette de marbre qui occupe toute la partie inférieure du miroir, et sert fort commodément à placer accessoires et objets décoratifs comme de petits vases de fleurs. Les murs passés à la chaux et les objets en bois et en osier créent une ambiance cottage.*

lequel, en entrant dans une pièce, se dirige instinctivement notre regard, en installant des éléments semblables, placés symétriquement par rapport à ce point. C'est un équilibre tranquille et qui crée une grande stabilité dans un espace déterminé, mais il est rare qu'une chambre soit totalement symétrique.

• *Asymétrique.* C'est l'ordonnance dans laquelle les éléments qui entourent le centre d'intérêt sont semblables, mais pas identiques, elle s'obtient de deux manières : avec des objets différents mais dont la perception visuelle est semblable et qui sont situés à la même distance du centre d'intérêt (par exemple, en installant des deux côtés d'un lit deux tables de nuit semblables mais pas identiques). Ou bien, en installant des éléments très différents à une distance différente de ce centre.

• *Radiale.* C'est un équilibre qui se forme à partir de la répétition d'éléments de forme circulaire placés autour du point central, dirigés vers lui ou s'en éloignant. Il convient pour des formes circulaires, car il limite beaucoup la capacité spatiale en raison de ses lignes courbes. Il convient tout à fait, en revanche, pour créer un contraste dynamique, que l'on obtient, par exemple, en l'utilisant dans le dessin du papier peint sur le mur.

Le rythme. La disposition correcte des éléments est très liée au concept de rythme, qui prend appui sur un schéma de continuité et peut s'exprimer de différentes manières :

1. *Par répétition :* C'est la forme la plus élémentaire et elle s'appuie sur la répétition d'éléments semblables. C'est la façon la plus appropriée et agréable de maintenir facilement l'équilibre, mais on ne peut en abuser car elle sera trop monotone.

2. *Par alternance :* Elle cherche un ordre de façon plus ou moins régulière par la répétition alternée de deux motifs ou plus. Elle est plus dynamique, mais doit maintenir un équilibre dans le style et la taille des éléments.

3. *Par progression :* Elle peut s'obtenir à travers les couleurs et les formes, et consiste dans l'augmentation progressive ou la diminution des tonalités et des tailles ou par la différenciation graduelle des textures, matériaux ou lignes.

4. *Par contraste :* C'est la juxtaposition de deux éléments distincts par leur couleur, forme ou taille ; de façon que la perception de leur différence se produise brusquement. Il faut veiller à ce que cette opposition ne produise pas un manque d'harmonie ou un déséquilibre.

Luminosité et gaieté

La lumière est un élément essentiel dans la décoration d'une maison, et souvent on ne lui accorde pas l'importance qu'elle mérite. La lumière c'est la gradation d'une vaste gamme d'intensités qui peut nous guider dans la tâche difficile d'éclairer correctement l'intérieur d'une maison.

Atténuée ou intensifiée, elle peut créer des contrastes puissants qui servent de point de référence ou à organiser quelques espaces intérieurs. Profiter au maximum de la lumière naturelle influe non seulement sur la décoration des chambres, mais aussi sur nos états d'âme.

L'orientation de la maison est déterminante pour capter la lumière naturelle et créer une

▶ *Près de la porte inondée de lumière, un vaste placard fermé par une grande grille de poulailler est l'élément décoratif principal et sert de meuble de rangement utile pour la vaisselle.*

ambiance reposante ou stimulante, sans avoir à engager des dépenses considérables. C'est pourquoi l'orientation doit être prise en compte (ainsi que les fenêtres qui reçoivent la lumière) au moment d'acquérir une maison ou de planifier des travaux : une maison abondamment éclairée par la lumière naturelle change tout au long de la journée, et de ses différents lieux peuvent émaner des impressions très différentes si l'on modifie ses effets en les accentuant ou en les atténuant.

▲ *Dans les pays méditerranéens, il est habituel de peindre les façades en blanc en ajoutant quelques touches de couleur sur les portes et les fenêtres. La façade badigeonnée à la chaux reflète la lumière et contraste fortement avec le bleu de la fenêtre.*

▶ *L'éclairage naturel apporte ampleur et sérénité à cette cuisine rustique décorée de tons sombres, jaunes et bleus, avec lesquels les rideaux qui ferment les placards et la nappe sur la table forment un contraste.*

◄ *Un rideau de café d'une grande légèreté tamise la lumière de la petite fenêtre, en produisant un bel effet lumineux dans la pièce.*

D'ordinaire, l'éclairage naturel influe considérablement sur la perception visuelle d'un espace et peut contribuer à modifier une superficie, en créant des contrastes de lumière et d'ombre. Ainsi, on pourra agrandir un espace étroit, en filtrant la lumière à travers des rideaux transparents, ou réduire une grande salle en contrôlant la luminosité extérieure à l'aide de gros rideaux surmontés de cantonnières de toile. Grâce à l'utili-

sation ou l'élimination partielle de la lumière naturelle, on peut aussi camoufler des superficies irrégulières et même rehausser ou abaisser des plafonds.

Lumière et couleur. On ne peut parler de la lumière sans nommer la couleur. Elles sont liées de façon intrinsèque, puisque sans la lumière la couleur n'existerait pas. La couleur est une conséquence de la lumière, c'est en fonction de celle-ci que varient les tons et les intensités. Grâce à la luminosité, se créent des combinaisons de couleurs et de tonalités qui permettent de créer des espaces individuels. L'arc-en-ciel n'est ni plus ni moins que la décomposition de la lumière, et les objets, meubles et revêtements de la maison ne font que révéler leurs couleurs en reflétant la lumière qu'ils reçoivent.

Les différentes couleurs du spectre sont perçues de manière distincte avec le changement d'intensité de la lumière. Une maison méditerranéenne près de la mer resplendit presque et se peint souvent de couleurs intenses, comme le jaune, le bleu et le blanc, qui servent habituellement à renforcer la luminosité de l'environnement. Dans les pays nordiques, les blancs et les couleurs pâles absorbent la lumière rare, en l'accentuant, et en créant des ambiances discrètes sans tomber dans l'extravagance.

Selon l'intensité de la lumière extérieure, les couleurs se perçoivent d'une manière ou d'une autre. La lumière naturelle donne à une couleur déterminée une luminosité, clarté ou intensité plus ou moins grandes ; la décoration même est une question de nuances.

Si nous rentabilisons la lumière à cent pour cent, nous pourrons transformer la perception optique des espaces de notre maison.

◄ *Le mur, passé à la chaux dans le plus pur style méditerranéen, inonde de lumière l'espace sur lequel se détache une peinture hyperréaliste aux tons acides. La lumière éclatante pénètre dans tous les coins de la cuisine, où se détachent les rideaux dont on a décoré le dessous de l'évier.*

Pour créer un espace plus grand nous revêtirons la zone de tons blancs ou pastel, qui refléteront la lumière. Et si nous voulons donner de la hauteur à un plafond, nous le peindrons aussi de couleurs claires. Si, au contraire, nous désirons réduire un volume, les tons choisis seront toujours noirs ou sombres car ils absorbent la lumière.

Les fenêtres. La fenêtre est l'élément architectural à travers lequel pénètre la lumière naturelle.

Selon la manière dont nous la revêtons, l'effet lumineux variera considérablement.

Des voilages transparents peuvent être un bon moyen de tamiser la lumière, bien que les stores plissés l'estompent aussi et l'adoucissent, et les petites persiennes de bois créent de subtils jeux de lumière et d'ombres.

Il existe aussi d'autres façons de jouer avec la lumière. On peut installer sur une grande fenêtre de charmants vitraux, transparents ou opaques, qui filtreront doucement la lumière.

▲ Grâce à la lumière qui entre par le porche qui mène au patio, la porte et son encadrement peints en bleu se détachent sur le fond blanc recouvert de chaux. Un large banc sert de meuble décoratif sur lequel on peut poser bouquets de fleurs, paniers de fruits et autres objets.

Un motif appliqué sur les vitres de la fenêtre créera aussi de beaux effets optiques. Il est conseillé de n'obstruer ni les impostes ni les lucarnes pour qu'elles laissent passer toute la lumière. Enfin, il faut mentionner les vitres dépolies ainsi que les vitres granitées, qui tamisent aussi la lumière.

◄ Un grand banc décoré et fini par une bordure bleue est l'élément principal de cette pièce décorée de tapis de jute et de sièges de fibre naturelle. La luminosité contraste avec le bois noir des petites tables et des accessoires.

◄ *Une grande arche est l'élément structural qui sépare deux espaces différenciés : le salon proprement dit, qui reçoit la lumière naturelle, et une autre pièce moins éclairée utilisée comme coin repos, dans laquelle on a installé une sobre galerie du plus bel effet.*

► *La lumière naturelle peut être renforcée dans ce type d'intérieur par des bougies, des spots et par des appliques et lampadaires de bois rustiques.*

▼ *Une porte peinte en bleu s'ouvre sur le porche éclairé par la lumière naturelle dans une ambiance à la forte saveur méditerranéenne.*

Mansarde au grand charme

▲ *Combiner rêve et art dans un petit espace, pas très haut, peut seulement se faire sur mesure en donnant de l'ampleur grâce à des miroirs et à des murs clairs.*

▶ *Cette bibliothèque a été réalisée par un sculpteur qui a donné personnalité et chaleur à ce meuble tellement nécessaire.*

Dans une maison, il existe parfois des espaces particuliers qui offrent des solutions intéressantes dont on peut tirer parti, ainsi qu'une vaste gamme de possibilités décoratives. La mansarde en fait partie. En raison du manque d'espace dont souffrent de plus en plus les constructions actuelles, ce type de pièce, que l'on peut trouver aussi bien dans les maisons les plus modernes que dans les édifices anciens, devient souvent l'unique possibilité, très intéressante de surcroît, d'agrandir un espace habitable.

Le plafond incliné, qui favorise le jeu de lignes et d'angles qui définissent son intérieur, et un éclairage naturel ont leur propre charme et éveillent l'imagination décorative en donnant lieu à toutes sortes de combinaisons et de solutions ingénieuses. Ainsi, la première idée, peut-être la plus classique, est suggérée par le bois, car il ne fait aucun doute que les caractéristiques et les détails architecturaux d'une mansarde invitent, comme le font peu de pièces, à imiter les intérieurs rustiques aux distributions classiques ou conventionnelles, et évoquent, le cas échéant, les ambiances ou les sensations d'autres époques, parfois intimistes, parfois paisibles, parfois bohèmes et parfois chaudes. En outre, le bois est très souvent le matériau de construction d'origine de ces pièces, c'est pourquoi, aussi bien du point de vue du style que du point de vue strictement esthétique ou financier, il est préférable de souligner ses caractéristiques et d'exploiter les possibilités qu'il offre pour doter ces pièces d'une personnalité propre et d'une touche d'originalité particulière. Une mansarde sera plus accueillante et plus reposante si elle est lam-

▶ *Dans un recoin de la vaste salle, on a installé une table de salle à manger qui peut servir aussi de comptoir décoratif sur lequel on peut disposer toutes sortes d'objets. Sur le carrelage dur se détache un durry de coton tissé.*

◀ Si la structure de la mansarde ne lui permet pas de supporter un poids excessif sur le sol, il faut se procurer des meubles légers ; La partie salon a été meublée d'un canapé à deux places et d'un petit fauteuil assorti. Au centre, une petite table en bois et au plafond une lampe de larmes de cristal complètent l'ensemble.

tons peuvent se répéter dans toute la mansarde ou bien on peut les peindre d'une couleur différente de celle du plafond pour leur donner encore plus d'importance.

Il ne faut pas négliger certains aspects que nous estimons essentiels dans un espace aussi particulier :

- Il faut réduire le mobilier au maximum au bénéfice de l'ampleur et chercher des solutions pratiques et fonctionnelles pour résoudre le problème du rangement.

- Souvent la structure du sol de la mansarde ne lui permet pas de supporter beaucoup de poids ; c'est pourquoi il convient de la renforcer. Dans tous les cas, il est conseillé de placer les objets lourds contre les murs, et de faire en sorte que les parties centrales de la pièce n'aient à supporter que des meubles et des objets de poids raisonnable.

- Pour éviter la sensation de claustrophobie ou que la pièce soit sombre, funèbre et triste, la lumière naturelle est fondamentale dans ce type d'espace. Mais il ne faut pas oublier l'utilisation de rideaux (enroulables par exemple) pour atténuer l'éventuel excès de luminosité qui se produit parfois dans ces pièces.

▲ Pour rentabiliser l'espace au maximum, on a choisi d'installer le coin salon devant une large baie vitrée fermée par de petites persiennes dont les lames sont en fibre végétale. Un tapis de couleurs vives, tissé à la main, délimite la partie salon, en la séparant du reste de la mansarde. Le long du mur, dans un coin inutilisé, on a installé une malle décorative, qui sert aussi à exposer des objets décoratifs.

brissée, si la charpente en bois est apparente, et si plancher et mobilier sont faits du même matériau.

En outre, la pièce sera plus chaude et plus intime, car ce sont les principaux avantages du bois, et surtout s'il s'agit de bois ancien, il peut avoir un caractère particulier. Mais ce n'est pas l'unique solution ; ainsi, par exemple, l'angle que forme le plafond incliné avec les murs peut se souligner de rayures de couleurs vives, et l'on peint le plafond et les murs du même ton. Si les poutres sont laissées apparentes comme élément décoratif supplémentaire, leurs

▶ Choisir l'emplacement des toilettes dans une mansarde est une tâche ardue. La meilleure solution est de les installer dans quelque recoin de structure linéaire divisé en deux ou trois zones. Un petit lave-mains en acier inoxydable est séparé de la douche par une cloison, et les WC sont cachés derrière une porte. Le mur de carreaux opaques confère une touche d'originalité à l'espace.

- Les grandes suspensions ne sont ni très pratiques ni esthétiques, mais on peut installer des appliques sur le mur ou au plafond et des lampadaires ou des lampes de chevet.

En résumé, le grenier n'est plus cette sorte de cabinet de débarras où l'on conservait sans savoir exactement pourquoi toutes sortes d'objets, des objets anciens jusqu'à ceux dont on n'avait plus besoin, on peut aujourd'hui le considérer comme une pièce de plus, avec les mêmes possibilités (et peut-être encore plus) que n'importe quelle autre. Voici quelques suggestions :

Bureau. Cela semble l'utilisation la plus adéquate pour ce type d'espace, car, étant séparée du reste de la maison, cette pièce permet de travailler et d'étudier tranquillement et avec calme, sans empiéter sur l'espace des autres occupants de la maison. Dans ce cas, il est conseillé d'utiliser une table de travail de vastes dimensions, et voir comment on peut tirer parti des zones les moins hautes pour y installer classeurs et meubles à tiroirs, meubles et étagères.

Si l'espace est suffisamment vaste, un tapis peut délimiter le coin séjour de manière visuelle, sans obstacles ni restrictions qui rompraient l'esthétique de l'ensemble et atténueraient la sensation d'ampleur.

Chambre. Dans ce cas, il est indispensable de réduire le mobilier au maximum car, si l'on ne dispose pas d'une mansarde très vaste, le lit à lui seul, qui s'installera contre un des murs, occupera déjà une bonne partie de l'espace disponible. Des tiroirs situés sous le lit, pour tirer profit au maximum de l'espace, une simple chaise pour le linge et un grand coffre en guise de petite armoire peuvent être des choix judicieux.

▶ *Les mansardes sont construites sur différents niveaux. Pour les décorer, il vaut mieux unifier le revêtement de sol. Un parquet aux tons chauds ou une moquette moelleuse peuvent être d'une grande utilité. Ils sont pratiques et résistent bien aux objets lourds, comme les malles qui peuvent servir d'ornement ou de meubles de rangement fort utiles.*

▶ *Si la mansarde est suffisamment grande, on peut aménager un coin lecture avec des étagères pour les livres, la télévision, ou pour des classeurs où ranger documents et papiers. A côté de la porte, et pour tirer parti au maximum de l'espace, on a installé un meuble pour ranger la vaisselle. Au-dessus, un petit miroir agrandit visuellement l'espace.*

Si l'on dispose d'espace suffisant, on supprimera les tiroirs sous le lit et on utilisera un lit très bas, ou même un matelas directement posé sur le sol, ainsi, on obtiendra une sorte de refuge, un espace beaucoup plus jeune et charmant. Dans tous les cas, transformer la mansarde en espace habitable permet de libérer une pièce de la maison, qui pourra être utilisée à d'autres fins.

▶ *Quand la mansarde dispose d'un éclairage naturel suffisant, il est conseillé de situer près de la fenêtre chambres et séjour. Le lit doit être placé contre le mur, en utilisant comme tête de lit un élément décoratif peu volumineux, comme par exemple une jalousie en bois. Les malles et les petites tables sont conseillées car elles ne saturent pas visuellement l'espace. Les tiroirs sous le lit sont une solution pratique pour le rangement.*

Séjour. Evidemment, étant donné ses caractéristiques, la mansarde n'est pas l'endroit idéal pour une salle à manger, mais elle peut être aménagée en espace destiné à la détente et aux visites. Le cas échéant, il est très important que la pièce reçoive un éclairage naturel abondant pour lui donner plus de gaieté. Placer des tables d'appoint carrées et basses dans les recoins de la salle, comme le veut la tradition, a ici une grande importance pour définir l'espace. Et si la partie centrale est occupée par un tapis et que l'on éparpille sur le sol des coussins où s'assoiront les invités, on obtiendra une ambiance chaude et joyeuse, pleine de liberté et

dénuée de contraintes. En définitive, une ambiance parfaite pour se réunir entre amis.

Salle de bains. Elle est idéale comme seconde salle de bains, surtout si elle dispose au lieu d'une fenêtre d'une lucarne qui diminue la sensation de claustrophobie et évite que ce lieu soit lugubre. Le peu d'éléments indispensables

dans une salle de bains permet de tirer parti, avec de l'imagination et de bons résultats, d'un espace peut-être petit et probablement peu accueillant à l'origine qui, de toute façon, n'aurait sans doute servi à rien.

Cuisine. Ce n'est pas du tout l'endroit le plus approprié, car il y a l'inconvénient du transport des

▶ *Un grand miroir mural domine un recoin envahi de fleurs séchées. Pour rentabiliser l'espace, le canapé se convertit en lit et la table de bois sert de meuble de rangement et de coin salle à manger. L'éclairage a été résolu grâce à des abat-jour en papier de riz.*

plats de cette pièce jusqu'à la salle à manger, s'il s'agit d'une mansarde qui a été convertie en pièce supplémentaire située à l'étage supérieur de l'immeuble. S'il n'existe pas d'autre solution, le plus pratique est d'essayer de placer le réfrigérateur sous la fenêtre pour tirer parti de la lumière, et de disposer une petite table que l'on peut utiliser pour manger.

▼ *Si la décoration de la mansarde est très austère, on peut la rendre plus gaie en choisissant des tissus de couleurs vives, comme des dessus-de-lit à fleurs, des rideaux ou des tapis tissés à la main. Des lampes de chevet ou des suspensions avec abat-jour de papier de riz peuvent aussi créer un effet lumineux remarquable.*

La simplicité du cottage

Le style cottage recrée une atmosphère champêtre en intégrant à la décoration conventionnelle certains éléments rustiques comme les poutres de bois, les murs en pierre apparente, et les objets et accessoires de terre cuite. Les textiles couleur feu apportent une touche de lumière.

Le cottage est un style de décoration dont le but est de créer un intérieur qui recrée le calme, la simplicité et la tranquillité de la vie à la campagne, mais, à la différence du style rustique à proprement parler, dont l'esthétique se base sur les éléments dominants des maisons rurales traditionnelles (poutres en bois au plafond, cheminée dans le salon ou grands meubles toujours en bois), le cottage tente de recréer l'atmosphère champêtre et le naturel propres à ces maisons, dans n'importe quelle demeure urbaine. Quant à la division de

l'espace, le premier conseil qui permettra de préserver une ambiance rurale sera de tenter d'assigner à chaque pièce une seule fonction, ne pas mettre le salon et la salle à manger ensemble, ni le bureau avec la chambre ou la salle de séjour.

Le but est de décorer chaque pièce avec les meubles indispensables à la création d'un intérieur accueillant qui possède le confort simple des demeures champêtres, afin de se reposer du bruit et du rythme frénétique des grandes villes. Dans le salon,

Un parquet de lattes de bois et un plafond orné de poutres anciennes peuvent recréer une ambiance peu conventionnelle. Les murs de pierre apparente accentuent encore plus cet effet. Une table pour six convives, à plateau de bois, des chaises métalliques et un éclairage ponctuel fourni par des spots confèrent à l'ensemble une certaine tonalité rurale.

rien ne doit sembler trop étudié et, au moment de le décorer, il faut se rappeler que les salles de séjour sont précisément faites, comme leur nom l'indique, pour y séjourner, pour s'y sentir à l'aise et détendu. Sans doute le bois est le matériau qui s'harmonise le mieux avec la nature et par conséquent les meubles d'ébénisterie seront toujours les bienvenus.

La chambre doit être austère, presque monacale, et il convient qu'elle contienne uniquement un lit avec une jolie tête de lit en bois ou en fer forgé et une table de nuit. Il est très décoratif et opportun d'installer des volets en bois. Pour créer dans la cuisine le même type d'ambiance, il conviendra d'utiliser des ustensiles traditionnels, qu'il sera de plus préférable de laisser bien en vue (casseroles en cuivre, marmites anciennes et toutes sortes de petits récipients). Laisser les meubles ou les placards ouverts, de façon que les assiettes, les verres et même le contenu du

▲ *L'escalier à rampe métallique se détache sur la pierre et le bois.*

garde-manger soient visibles peut aussi être décoratif. Au contraire, les appareils électro-ménagers modernes doivent être dissimulés le plus possible.

Quant à la salle de bains, le mieux serait d'adapter des pièces anciennes, mais, si cela n'est pas possible, on peut installer une baignoire sur pieds, des carreaux de faïence blancs avec une plinthe ou des carreaux rustiques en terre cuite sur le sol.

Dans un ensemble décoratif de ce style, les accessoires et petits détails faisant allusion au paysage champêtre apportent la touche finale. Des objets en terre cuite, des fleurs fraîches et sèches, des vases, des paniers remplis de matériaux naturels, des poignées de porte en fer, des collections de porcelaine, ainsi que des rideaux et des coussins de couleurs champêtres telles que le bleu ou le vert, ou des nappes à carreaux, contribueront considérablement à apporter cette sensation de bien-être propre à la vie à la campagne.

Une des questions les plus problématiques est celle de l'éclairage. Evidemment, il est impensable de le baser sur les candélabres, les bougies ou des

◄ *Ensemble quelque peu sophistiqué et de grand caractère grâce à la présence d'éléments de style rustique Japonais.*

lampes à huile, mais il faut faire en sorte que l'installation électrique soit dissimulée le plus possible et que dans tous les cas, la lumière reste douce et faible. Il existe des lampes design actuelles, par exemple les lampadaires avec source d'éclairage localisée, qui conviennent parfaitement, mais surtout, il faut éviter les imitations grossières d'anciennes lampes du passé, comme les candélabres ou les fausses bougies.

Si l'on opte pour ce type de décoration, voici quelques remarques générales, sans lesquelles un résultat satisfaisant serait sérieusement compromis :

- Cette décoration exige une rénovation globale de la demeure. Il ne faut pas se

contenter de décorer seulement certaines pièces, en conservant le style des autres.

- Ce type de décoration donnera difficilement un résultat dans un foyer de petites dimensions.

- Si l'on choisit le style «cottage», il faut se rappeler qu'il s'agit d'une solution coûteuse.

- Ce type de décoration doit exclure toute imitation, et rejeter meubles ou matériaux succédanés. Il vaut mieux utiliser peu d'éléments, mais qui soient de qualité.

- On ne doit pas encombrer la demeure. Les maisons rurales sont spacieuses et peu chargées de meubles. Si l'on recrée cette ambiance dans une demeure urbaine, où l'espace est toujours plus limité, on devra à plus forte raison mesurer la quantité de meubles et autres éléments.

▼ Dans un coin, sur fond de lambris de bois clair, on a installé un petit lave-mains en acier inoxydable et une barre porte-serviette pratique. Une fenêtre à guillotine et un miroir complètent la décoration. Sur les poutres, des lampes fonctionnelles éclairent l'espace.

▶ Le stuc des murs et les portes de vieux bois ancien créent un air champêtre. La poutre centrale sert d'élément décoratif sur lequel on dispose divers objets et compléments.

▲ On a recouvert le futon d'un jeté de soies de couleurs vives et comme tête de lit, on utilise un grand tronc d'arbre tandis que les bambous maintiennent le tatami.

◀ Dans un recoin de la chambre, on a installé des toilettes tubulaires en acier inoxydable et décoré la zone de motifs exécutés à main levée qui produisent des effets de contrastes visuels. Un œil-de-bœuf communique avec la douche.

▶ Dans un coin obscur de la maison, près de la salle de bains, on a installé une penderie équipée de larges étagères de bois. Une solution idéale pour éviter les armoires encombrantes, et les commodes pesantes.

Au goût de mer

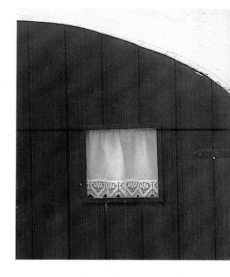

▲ Les petits rideaux de dentelle sont un détail décoratif à ne pas négliger, si nous voulons donner aux fenêtres une touche marine.

▼ Le vieil escalier passé à la chaux et décoré de vieux carreaux de faïence émaillée parachève cet intérieur décoré avec simplicité de motifs marins comme une amphore dissimulée dans une niche de l'escalier ou une lampe de bateau. Un miroir de vieux bois et un tapis de jute complètent la décoration.

Le bruit, surtout dans les grandes villes, la pression que nous fait subir le travail quotidien et les mille problèmes de la vie de tous les jours, avec nos proches ou d'autres, augmentent de jour en jour la nécessité de disposer de quelques heures de détente dans un lieu harmonieux afin de reconstituer son énergie. De ce fait, maison, les éléments qui s'y trouvent et, par conséquent, sa décoration acquièrent une importance toujours plus grande. De sorte que la décoration joue un rôle primordial et que l'on y prête attention jusque dans les moindres détails.

On constate la grande variété des styles et des ambiances. Certains choisissent un style moderne, urbain, fonctionnel, d'autres recréent diverses ambiances, refuges de montagne, maisons de campagne rustiques, ambiances qui rappellent le bord de mer. Tous s'accordent à dire que les couleurs de la mer, la tranquillité de la plage ou l'activité du port sont des images qui invitent à la détente et apportent d'agréables sensations de paix. Par conséquent, pour compenser et en même temps oublier le rythme trépidant de la vie urbaine, choisir de décorer sa maison dans un style qui reproduit l'ambiance du bord de mer ne semble pas incongru à de nombreux citadins.

S'il s'agit d'une option parfaitement acceptable et défendable, on doit dans ce dernier cas, tout comme lorsque l'on veut reproduire une atmosphère campagnarde ou montagnarde, soupeser le bien-fondé de ce type d'ambiance dans un lieu qui peut-être n'y est guère adapté. Créer une ambiance de bord de mer en pleine montagne peut être choquant et même totale-

▶ La cheminée traditionnelle est le principal élément ornemental de cette vaste salle, où des niches ont été converties en étagères sur lesquelles on a placé livres et céramiques. Les bancs recouverts de tissus exotiques ajoutent de la couleur, égayant ainsi la sobre ambiance de bord de mer.

▶ La cheminée permet de décorer l'espace avec des accessoires pour aviver et attiser le feu. Sur la partie supérieure du foyer, une niche peut se convertir en étagère à livres.

▼ Les meubles peints sont une réminiscence marine des meubles nordiques. Associés au bois clair et aux sièges paillés, ils sont un élément décoratif de première importance à prendre en compte surtout dans les maisons badigeonnées à la chaux ou aux murs clairs.

ment déplacé. Au contraire, ce peut être une bonne idée de créer cette ambiance dans une demeure proche de la plage et, mieux encore, si l'on y jouit d'une belle vue sur la mer.

Après une journée de travail mouvementée, ou simplement après une longue journée loin du foyer, passée d'ordinaire à faire les courses ou rendre visite aux amis, le corps et l'esprit seront ravis de retrouver une ambiance marine confortable et rafraîchissante.

Sans doute, comme tout ce qui a trait à la décoration, on ne peut imaginer que, en installant n'importe quels objets marins, la pièce offrira alors automatiquement l'image que l'on désire ; mais il ne sera pas difficile non plus de l'obtenir si l'on choisit les matériaux adéquats pour le mobilier, si l'on utilise des couleurs gaies avec la mer comme arrière-plan thématique et, surtout, si l'on place dans des endroits stratégiques bon nombre d'objets et d'ornements, qui en général donnent le ton.

Dans le salon-salle à manger le matériau le plus adéquat pour le canapé et les fauteuils est l'osier, on peut y installer des coussins blancs ou bleus et même à rayures des deux couleurs. Des encadrements de fenêtres et de portes de bois, une banquette de raphia ou une fenêtre ronde qui, par exemple, communique avec la cuisine, sont quelques détails qui contribueront à créer une charmante atmosphère marine.

Les objets décoratifs en terre cuite ou en céramique avec des motifs de poissons, coquillages ou étoiles de mer peuvent aussi donner de bons résultats, et les collectionneurs de maquettes de bateaux ou de tableaux à thèmes marins trouveront ici, pour les exposer, l'ambiance la plus favorable.

Si la maison dispose d'un balcon avec vue sur la mer, on peut penser à y créer un petit recoin pour manger ou dîner en été, en y plaçant une table pliante faite de lattes (typique des buvettes de plage), et des chaises assorties recouvertes de coussins bleus et blancs.

Dans les chambres, on peut peindre les murs de bleu indigo, ocre ou jaune, ou bien opter

pour des papiers peints qui reproduisent des motifs marins. Ce sont des pièces tout à fait appropriées pour accueillir certains objets décoratifs : conques, hippocampes ou étoiles de mer, que l'on peut ramasser sur les plages en se promenant.

Pour les plus patients, il existe une option peu onéreuse : trouer la carapace de quelques mollusques et les coudre sur des rideaux, coussins ou dessus-de-lit. On peut également confectionner des stores avec ces mêmes coquillages, ou recouvrir les abat-jour des lampes de dessins aquatiques.

Enfin, introduire une atmosphère marine dans une cuisine n'est pas difficile : peindre les meubles de bois en bleu ou en blanc, placer des corbeilles à fruits en osier, décorer le mur d'images de poissons et autres motifs marins ou exposer de la vaisselle aux couleurs vives sont des procédés qui aideront à faire entrer la mer dans la maison. Si la cuisine est grande, on peut y placer une table en bois qu'égaiera une nappe à carreaux ou à rayures, pour y déguster de délicieux produits de la mer.

▲ *Une grande table en bois, quelques chaises de paille et un banc occupent la zone de la salle à manger. Sur le mur, une niche où l'on range vaisselle et verres attire le regard dans cette ambiance austère. Une suspension campagnarde éclaire la pièce.*

◄ *Des rideaux tamisent la lumière d'une chambre typique d'Ibiza. Les draps à motifs géométriques (typiques de Majorque) apportent de la couleur et contrastent avec la sobriété de la pièce.*

◀ *D'anciennes cloisons de bois ont servi à confectionner des étagères pratiques sur mesure qui s'adaptent parfaitement au plafond incliné de la maison. A côté du lit, orné de coussins brodés, on a installé un petit canapé en osier.*

▶ *Une chaise à bascule et une table ronde près de la fenêtre créent une ambiance propice à la détente et à la lecture. Les rideaux laissent passer la lumière qui irradie ce petit salon au sol rustique.*

▼ *L'alliance traditionnelle de bois et de murs passés à la chaux est typique du bord de mer. Une vieille cheminée est l'élément principal de cette pièce et autour d'elle on a créé différents espaces, comme une petite salle de lecture et une chambre annexe indépendante.*

Élégance rustique

prédominant dans ce type d'intérieur par son aspect naturel marqué et par la chaleur qu'il diffuse. Afin de créer la sensation d'apaisement et de confort propre à la vie à la campagne, on doit laisser de vastes espaces libres, utiliser peu de meubles, deux ou trois dans chaque pièce, originaux si possible, et de qualité, mais qui aient une forte présence dans la pièce qu'ils occupent. Ainsi, dans une salle à manger, il suffira de placer une bonne table rustique en bois massif, entourée de chaises à dossiers hauts assorties à la table, et une élégante armoire également en bois, aux grandes portes vitrées, derrière lesquelles on peut exposer une élégante vaisselle ancienne. Dans la chambre, on peut placer un lit à baldaquin ou une tête de lit en bois ou en métal.

▶ *Les textiles sont indispensables pour parachever le style rustique élégant. Des toiles de coton et de lin peuvent habiller n'importe quel type d'intérieur. Dans un recoin, à côté de la fenêtre, on a aménagé un coin lecture avec une élégante table en bois recouverte de tissu. La chaise ancienne et simple apporte une touche aristocratique. Le mariage des bleus des jaunes crée un effet optique très élégant.*

▼ *Si l'on veut obtenir dans une chambre un style rustique qui ait un certain air aristocratique, il est conseillé d'acquérir quelque tête de lit ancienne datant des XVIIIe ou XIXe siècles. Les chaises récupérées dans une brocante ont été restaurées et regarnies et apportent une touche moderne et seigneuriale à l'ambiance. Les rideaux aux tons clairs sont tenus par des embrasses modernes.*

▲ *Un grand pot de fleurs en terre cuite d'inspiration Renaissance est un élément décoratif qui ornera avec bonheur une balustrade et introduira une touche champêtre et élégante.*

Dans le but d'oublier peut-être la monotonie et le vacarme de la vie à la ville, il est de plus en plus fréquent de trouver des demeures urbaines décorées selon le style des maisons champêtres et rurales. C'est un type de décoration qui tente de créer une atmosphère de tranquillité, de confort et de naturel à travers la simplicité du mobilier et des matériaux, des objets et éléments décoratifs qui peuvent apporter cette incomparable saveur campagnarde.

Les meubles donnent le ton à ce style, et inéluctablement ils doivent être en bois, matériau

▲ D'anciens canapés de style élisabéthain rajeunis par des tissus de revêtement modernes, des tables classiques en bois à rallonges constituent un espace de détente et de lecture sobre et élégant. Les tapis au petit point se détachent sur le sol en grès, et la gamme de bleus divers apporte une touche très méditerranéenne à ce salon.

▶ Un vieux coffre recouvert d'un napperon à franges sert de présentoir. On y a placé divers objets et éléments décoratifs, comme des bougeoirs. On a séparé symétriquement cette zone du reste de la pièce grâce à des plinthes, et en y accrochant des tableaux. A côté de la porte, des bouquets de fleurs ornent un haut tabouret.

Il est évident que certaines maisons de par leurs caractéristiques originales offrent des possibilités qu'il ne faut pas négliger : si par exemple, il existe un escalier, c'est une bonne idée de décorer ses marches avec des mosaïques et de lui ajouter une rampe somptueuse de préférence en bois comme l'escalier.

La cheminée, le cas échéant, doit être considérée comme l'élément principal du travail décoratif, et on accordera en outre une grande importance ornementale à tous ses accessoires. Un feu de bois, en plus de la chaleur qu'il répand dans la maison, contribuera à créer cette sensation de paix et de tranquillité que l'on éprouve dans les maisons de campagne.

Bien sûr, il est inutile de s'étendre sur la valeur esthétique des poutres de bois, éléments fondamentaux du style rustique à proprement parler.

Le carrelage requiert aussi une attention particulière, car le meilleur projet de création d'une ambiance rurale peut échouer si le sol détonne avec l'ensemble et présente un aspect trop moderne. Les matériaux employés doivent être durs et résistants, comme des dalles de pierre de couleurs naturelles ; mais il est aussi possible, en s'écartant du schéma le plus traditionnel, d'utiliser d'autres matériaux, comme le parquet ou les carreaux italiens, du moment que le résultat renforce la sensation de tranquillité et de confort. De même, les meubles de moindre importance et les éléments décoratifs ont une importance capitale. Des éléments comme les placards, les fauteuils en bois, les fauteuils à bascule ou les coffres, conjointement avec des ornements tels qu'une vieille pendule murale, un grand miroir joliment encadré, des photographies anciennes ou une huile, complètent une ambiance traditionnelle et romantique, simple, mais élégante et pleine de quiétude.

◀ Les élégants placards
aux étagères ornées de
dentelle délicate sont une
solution décorative très
passe-partout car ils
laissent voir la vaisselle et
les verres anciens. Un
fauteuil à accoudoirs et
des tapisseries, bien que
rustiques, se distinguent
par une élégance propre
aux maisons seigneuriales,
et complètent l'ensemble.

▲ Dans les dégagements d'une
maison rurale, il reste
quelquefois des espaces non
utilisés. Près de la porte, on a
créé une petite zone de lecture
et de repos grâce à deux
fauteuils bas et une petite
table. Une délicate marine
complète la décoration.

▶ L'antichambre est une
pièce qui précédait les
chambres des grandes
maisons de campagne. Une
table avec une simple lampe
et une chaise ancienne sont
les meubles indispensables
pour créer un coin lecture.
Un tapis et quelques
tableaux de famille suffisent
à compléter cette ambiance.

Bicyclettes dans la maison

Actuellement le sport est à l'ordre du jour et l'on vit de telle manière que le pratiquer fait partie des activités urbaines. Personne ne s'étonne de voir passer sur le même trottoir une dame vêtue d'un tailleur impeccable et un cycliste en tenue de sport. En définitive, la même personne peut faire l'un ou l'autre selon le moment de la journée. Ce qui se passe dans la rue se passe aussi dans le monde de la décoration, car en fin de compte la décoration est quelque chose de vivant qui change selon les besoins et les modes. Ainsi, la bicyclette, écologique et favorable à une bonne forme, ayant retrouvé droit de cité dans nos

▼ A l'entrée de la maison, une vieille malle de famille sert d'appui à une ancienne bicyclette qui dote le recoin d'un certain accent rustique. Le panier sur la roue avant et le porte-bagage sur la roue arrière pourraient servir à contenir des plantes naturelles.

foyers devra être intégrée à la décoration intérieure. Car tous ces vélos que l'on voit dans la rue, on les range quelque part dans la maison. Et les habitations actuelles ne se distinguent pas particulièrement par l'excès d'espace, bien au contraire. Cela veut dire que très vite il faut faire preuve d'ingéniosité pour aménager un coin où l'on puisse ranger les vieilleries, et utiliser au maximum tous les espaces inoccupés. Ce manque d'espace fait que souvent on doit ranger les bicyclettes en pleine vue, y compris dans le salon, car il ne s'agit pas d'un petit objet facile à entreposer. Il faut dire que les choses sont plus faciles par exemple pour les joueurs de tennis, étant donné qu'une raquette ou même des patins ou encore une crosse de hockey sont faciles à ranger. Le problème se pose quand il s'agit d'objets volumineux. On ne peut improviser un espace où ranger les clubs de golf et moins encore

la ou les bicyclettes puisque souvent il y en a plusieurs.

Les bicyclettes d'aujourd'hui sont vraiment très jolies. Elles ont une belle ligne, sont légères, peintes de couleurs vives et les matériaux dont elles sont faites ne se détériorent pas et ne s'oxydent pas. Voici donc des arguments en faveur d'une décoration moderne qui recherche dans la technique et dans les matériaux nouveaux des valeurs

▲ Une bicyclette contre la façade d'une maison est un symbole du repos à la campagne qui peut devenir un élément décoratif si on lui ajoute un détail tel un petit bouquet de fleurs.

esthétiques. Ainsi, surtout chez les jeunes, une bonne bicyclette peut même être un atout supplémentaire.

Qu'il soit facile ou difficile d'intégrer les bicyclettes à la décoration dépend, avant tout, de l'espace dont on dispose et du type de maison. Une résidence secondaire, sans prétentions et peu conventionnelle, n'est pas la même chose qu'un appartement en ville, qu'une grande bâtisse ou un appartement étroit.

De même, une maison meublée en style classique et très somptueuse n'est pas plus commode qu'une demeure rustique ou un appartement moderne.

Les bicyclettes doivent pouvoir se ranger dans des endroits où elles ne gênent pas, où elles

▶ On peut agrémenter un couloir froid en y plaçant une bicyclette, comme s'il s'agissait d'une sculpture futuriste ornée d'un panier rempli de plantes. Cette association entre plantes naturelles et objets mécaniques a été souvent exploitée en utilisant les brouettes comme support «fortuit» de pots de fleurs dans les petits jardins familiaux.

▲ En dépit d'un certain effet ludique que crée le contraste, il n'est pas conseillé d'«oublier» une bicyclette dans une cuisine. Dans les zones de travail, il vaut mieux éviter les obstacles, surtout s'ils sont instables.

n'empêchent pas le passage ou l'accès aux armoires, bibliothèques, etc. Dans des maisons petites, mais aux plafonds hauts, on peut les suspendre verticalement car il existe sur le marché des crochets ou des appareils spécialement conçus pour suspendre les bicyclettes.

Si le vestibule est grand, on peut simplement y laisser la bicyclette, près du porte-manteau ou d'un autre meuble du vestibule. Mais parfois, bien que le vestibule soit la pièce qui convienne

◄ Sur le parquet et à côté d'objets anciens comme des candélabres, un VTT semble revendiquer sa parenté avec les décorations métalliques.

▲ Dans le vestibule presque vide d'un appartement, une bicyclette des années 50 s'est transformée en un objet surprenant. Rechercher cet effet choquant, presque surréaliste, peut être la seule manière d'intégrer la bicyclette à la maison.

► Un problème qui se répète fréquemment est de devoir laisser tous les jours la bicyclette dans un appartement de dimensions réduites. La solution adoptée ici, la placer dans un étroit couloir, ne pourra satisfaire personne car elle rend le passage difficile et dénature en plus la décoration. Ici, sa présence est «envahissante».

le mieux, car y ranger la bicyclette évite de traîner les roues dans toute la maison, il est trop petit et il faudra chercher un autre endroit. Voici divers exemples permettant de placer la bicyclette dans diverses parties de la maison sans que cela pose un problème esthétique ou pratique.

▶ *Voici la meilleure solution : dans un petit débarras près de l'entrée de la maison, on a décidé de suspendre la bicyclette au plafond pour économiser l'espace, permettre de ranger et travailler au-dessous, et dégager la vue.*

▼ *Lorsque l'on doit laisser la bicyclette à l'intérieur de la maison, et que l'on ne peut la décorer, il vaut mieux la placer dans un lieu sûr et où elle ne gêne ni physiquement ni visuellement.*

▶ *Le lieu adéquat : la maison de campagne. Si à côté de la porte d'entrée on dispose de suffisamment d'espace, c'est le lieu idéal pour y mettre une bicyclette à l'abri. Grâce à l'ambiance rustique environnante, elle se trouve dans son élément le plus favorable et le plus caractéristique.*

COULEUR LOCALE, SALLES DE BAINS ET ÉLÉMENTS DÉCORATIFS

Bois, faïence, récipients de cuivre qui luisent, sols de granit, meubles massifs, solides qui semblent avoir été conçus pour plusieurs générations... le langage du style rustique dans la cuisine se module autour de quelques éléments constants et apparemment invariables qui, cependant, sont parvenus à admettre les propositions rationnelles de la modernité en apprenant à cohabiter avec les appareils électroménagers. De fait, matériaux nouveaux et formes ergonomiques de conception très récente forment avec les éléments rustiques un contraste qui permet un jeu infini de combinaisons, tant dans la cuisine que dans la salle de bains, ce qui aujourd'hui a permis la récupération de formes consacrées par la tradition et qui avaient été oubliées (vieilles cuisinières en fonte de la première moitié du siècle, par exemple) en façades qui dissimulent la technologie la plus exigeante.

De même dans les salles de bains, on installe les jacuzzis les plus sophistiqués aux côtés de matériaux comme la céramique, qui, entièrement traditionnels, semblent avoir appris à adopter des formes qu'on n'aurait jamais soupçonnées. La transformation, au cours des dernières décennies, de ce qui était un simple cabinet de toilette en salle de bains, a entraîné l'apparition de spécialistes qui ont raffiné le concept de façon extraordinaire en rationalisant les espaces, les surfaces, les matériaux et les lignes, en incitant à compléter la décoration avec des plantes, des textiles variés, avec un soin qu'on ne prenait auparavant que pour les pièces principales.

Le goût pour le style rustique est ancré si profondément (ou a été remis à la mode) qu'il est devenu courant de fabriquer de toutes pièces tables et coffres selon des modèles provençaux, alpins, normands et castillans. Ces derniers sont ensuite peints ou finis avec art pour leur donner l'apparence de l'ancien. De nombreuses entreprises se sont distinguées dans ce domaine, tout comme dans le domaine voisin de la faïence, de la céramique et du verre, empruntant des formes aux divers folklores ou s'en inspirant pour en inventer de nouvelles. Le rustique (il vaudrait mieux dire les rustiques) fait désormais partie de la décoration quotidienne et, bien que sa zone de prédilection continue d'être la cuisine et la salle à manger, il a étendu son domaine aux chambres, salons et bureaux avec un charme indéniable.

Parmi les éléments décoratifs, il convient d'en souligner deux, les tapis et les cheminées, d'une importance telle qu'ils peuvent se convertir en motifs décoratifs centraux. Ils jouent cependant des rôles différents. Les cheminées attirent inévitablement de toute évidence les regards car elles invitent à s'approcher de la lumière, et c'est autour d'elles qu'il faudra organiser l'espace. Les tapis sont une compagnie discrète qui peut rehausser l'élégance d'une décoration bien conçue, ou un objet d'art capable de remplir à lui seul un salon. Le bois, la céramique, un feu de cheminée et un kilim ou un tapis de qualité... voici les grands traits d'une atmosphère accueillante.

Ce passage réunit et présente un ensemble d'idées et de propositions qui, nous l'espérons, permettront de faciliter la résolution de problèmes concrets dans la décoration domestique.

Le charme du style rustique

Bien que les tâches de la cuisine demandent une certaine vocation et prédisposition chez celui qui s'y consacre, il est évident que disposer d'une pièce adaptée et joliment décorée constitue toujours une invitation. En effet, il est difficile de résister à la tentation de se mettre à cuisiner des plats savoureux quand la cuisine est vaste et accueillante et son aspect évoque le charme des maisons rurales traditionnelles, où préparer le repas était non seulement un plaisir, mais aussi un art. Les styles rustiques s'adaptent merveilleusement à ce type de

▶ *Dans un coin de l'évier, on a placé un égouttoir classique et pratique pour laisser sécher la vaisselle et les verres. L'espace est éclairée par une lampe directionnelle puissante qui illumine le mur revêtu de stuc jaune.*

◀ *Dans cette cuisine rustique, on a décidé d'installer un coin travail divisé en trois zones : celle de la cuisson avec une plaque conventionnelle, l'évier en acier inoxydable à deux bacs et un petit espace de travail où préparer les ingrédients. Le côté moderne et fonctionnel des armoires et de la table de travail en acier inoxydable équipée de deux bacs contraste avec la voûte catalane et le sol de granit qui apportent une touche rustique.*

▶ *Un ensemble d'étagères en bois peut être une solution économique et esthétique pour ranger les aliments dans la cuisine. Au moment de les répartir, il est nécessaire de le faire avec une certaine rigueur décorative.*

pièce, mais, pour adopter ce style, il est indispensable de disposer d'un espace suffisant, toujours vaste. Donc, s'il s'agit d'adapter ce type de décoration aux petites surfaces modernes, le résultat peut être inesthétique et incommode et produire des effets contraires à ceux initialement recherchés. L'élément dominant de la pièce peut être une grande

table centrale que l'on pourra utiliser indifféremment pour déjeuner tranquillement loin du bruit du monde et comme plan de travail supplémentaire. Le reste du mobilier, de préférence en bois mais aussi en contreplaqué ou en verre, comprendra armoires, placards, étagères, un meuble garde-manger traditionnel et peut-être une commode.

Esthétiquement, et bien que ceci nécessite un entretien minutieux, il est préférable que ces meubles soient ouverts et laissent voir la beauté de la vaisselle de porcelaine, des pots de terre cuite ou des jarres anciennes afin que chacun jouisse de l'agréable sensation de familiarité que procure la vue d'une coupe de fruits frais, d'une corbeille artisanale remplie de pain ou d'un jeu complet de pots d'épices diverses, le tout dans un désordre toujours délicieux et savant.

Accrocher à une petite tige de bois louches, écumoires, écuelles de bois, poêles, casseroles de cuivre et autres ustensiles de manière à ce qu'ils soient pour ainsi dire suspendus dans les airs apportera de même chaleur et beauté à la pièce.

Mais il ne faut pas non plus associer le confort d'une ambiance qui nous ramène à la nature et à la simplicité des temps passés au mépris de la technologie moderne. Une solution originale est de dissimuler les appareils électroménagers (cuisinière, lave-vaisselle ou micro-ondes) sous des façades faites sur mesure. Il faut rappeler à ce sujet qu'il existe sur le marché des appareils électroménagers d'aspect rustique ou pouvant se marier avec le rustique.

Le lien avec la nature et les réminiscences champêtres se créent également, en peignant les murs, à coups de pinceau grossiers, de tons chauds qui rappellent la terre, comme le beige, le jaune cru, l'ocre ou la couleur sable. On complétera

l'ambiance « nature » en recouvrant la table d'une nappe de coton ou de lin grossier à carreaux (rouges, bleus, verts, jaunes, marron, etc.) en combinant ces couleurs avec le blanc et diverses fleurs et plantes.

Les carreaux de faïence émaillés, au lieu des murs peints, sont le revêtement le plus courant pour ce type de décoration car ils sont résistants et offrent un vaste choix, depuis les jolies plinthes décoratives jusqu'aux authentiques œuvres d'art artisanales peintes à la main.

Les puristes, ceux qui veulent que leur cuisine s'apparente

encore davantage aux cuisines rurales où la quasi-totalité des éléments utilisés provenait de l'activité et l'artisanat domestiques, disposent d'options originales et attrayantes qui ont l'inconvénient d'être chères : installer des poutres en bois au plafond, un four typique et traditionnel pour le pain ou une cheminée ouverte pour cuisiner au feu de bois. De plus, on peut créer aussi une ouverture à huisserie de bois, au centre de la cloison de séparation entre la cuisine et la salle à manger pour y passer les plats.

▶ *Si l'on veut donner un air rustique à une cuisine moderne, il convient d'installer un parquet traité contre l'humidité et la graisse. Il est résistant et apporte de la chaleur à l'ambiance. Les étagères et la table en bois clair complètent le décor. La couleur terre de Sienne des murs contraste avec le ton blanc des voûtes catalanes.*

▲ *Une table en pin située au centre de la cuisine en souligne le style, car visuellement elle en est l'élément principal. La touche rustique vient de la voûte catalane en pierre apparente et de la fenêtre et de la porte aux vitres polies à l'émeri.*

▶ *Si on laisse les briques des murs apparentes, on obtient une touche propre aux ambiances rurales. Si, de plus, on installe un parquet, si l'on suspend de petites étagères et place une table en bois, le tout décoré d'objets et accessoires rustiques et éclairé par une lumière chaude, l'espace sera très accueillant.*

Lumière et couleur dans la salle de bains

Lorsqu'on envisage la répartition des pièces dans une habitation, on pense toujours à celles qui, logiquement, occupent une place importante, comme la salle à manger, la chambre principale, etc. Au contraire, il y en a d'autres que, presque invariablement, on laisse pour la fin.

L'habitude que l'on a de laisser pour la fin le choix du lieu qui servira de salle de bains, après avoir attribué une fonction aux autres pièces, fait que, normalement, il s'agit toujours d'une pièce intérieure, peu éclairée par la lumière du jour. Si elle a des fenêtres, elles sont habituellement petites et laissent peu ou pas du tout passer la lumière du jour. Souvent, cette fenêtre donne sur un simple conduit de ventilation intérieure.

En raison de leurs dimensions, les fenêtres se prêtent à différents traitements décoratifs qui vont des simples rideaux jusqu'à divers types de stores (à enrouleur de diverses couleurs, à lamelles verticales, à lamelles horizontales ou de bambou) en passant par les rideaux courts ou les voiles translucides.

Une autre possibilité est de se passer de ces éléments et d'installer des carreaux dépolis ou des volets intérieurs de bois particulièrement appropriés si l'on

veut décorer la pièce dans le style rustique.

Il ne faut pas oublier que les fenêtres peuvent aider quelque peu à résoudre le problème toujours crucial du rangement, en effet on peut placer des étagères, par exemple de verre, dans leur embrasure ou sur la petite tablette qu'elles présentent habituellement à la base.

L'éclairage artificiel devient ainsi le thème de base qui permet une utilisation agréable de la salle de bains. Pour ce faire, il convient de combiner sources d'éclairage direct et sources d'éclairage indirect et général pour créer une ambiance sereine et réconfortante.

Les spots encastrés dans le plafond émettent une lumière

▲ Deux lavabos de porcelaine avec mélangeurs sont encastrés dans un vaste plan de marbre. Le grès aux tons ocre confère à l'ensemble une touche avant-gardiste et chaude très actuelle. Un grand miroir où se reflète la douche agrandit l'ensemble.

◀ Un petit muret de carrelage sépare le coin WC de la douche. Pour éviter les projections d'eau, on a installé un rideau de PVC.

▶ Si l'on ne veut pas d'un placard bas pour ranger le linge ou autres objets, on peut choisir d'installer des étagères fonctionnelles sur lesquelles on posera coffrets décoratifs ou corbeilles d'osier. Les carreaux de faïence émaillée et le sol rustique évoquent clairement la Provence.

◄ Une plinthe peinte à la main délimite deux zones de la salle de bains. Un porte-serviette en acier inoxydable fini à l'ancienne décore la zone inférieure et sur le dessus de marbre, on a disposé des bouquets de mimosa.

plus claire que les suspensions et sont plus sûrs mais ils ont l'inconvénient de diffuser parfois une lumière trop crue.

Les miroirs sont également conseillés car ils augmentent la luminosité par leur reflet et la sensation visuelle d'espace et d'ampleur. Il est obligatoire d'en

mettre un au-dessus du lavabo, bien éclairé, car il sera le meilleur allié au moment de la toilette. C'est pourquoi on peut installer une applique de chaque côté du miroir ou une série d'ampoules tout autour comme dans les loges de théâtre, mais toujours avec une lumière claire car celles de couleur, bien que douces, et peut-être décoratives dans certains cas, peuvent tromper au lieu de favoriser la fonction à laquelle le miroir était destiné.

Une question importante relative à la lumière électrique est la sécurité, car la combinaison d'eau et d'électricité peut être très dangereuse. Pour éviter des problèmes et prévenir les accidents, nous donnons ci-dessous un ensemble de conseils que nous considérons comme utiles et qui peuvent pallier les perpétuelles insuffisances en matière de sécurité :

• Il est conseillé d'installer les interrupteurs, du moins ceux qui commandent l'éclairage général, à l'extérieur de la salle de bains, près de la porte, car de cette manière il sera plus difficile de les toucher avec les mains mouillées.

• Les prises qui doivent être à l'intérieur de la salle de bains ne doivent pas se trouver près des robinets.

• Les chauffages électriques doivent être reliés à des interrupteurs à cordon.

• En fait, l'installation de ce type d'appareils dans la salle de bains est d'une importance primordiale pour votre propre confort en hiver.

• Il faut éviter qu'en hiver, ce soit une torture d'entrer dans la salle de bains. Sans doute le plus pratique est de disposer d'un système de chauffage central, mais si ce n'est pas le cas, on peut installer un chauffage par infrarouge au-dessus de la porte ou du miroir.

• Un appareil original qui sera

◄ Le lave-mains en grès de porcelaine et un mélangeur en acier inoxydable contrastent avec le dessus de marbre noir. Pour augmenter l'impression d'espace, on a disposé deux miroirs aux motifs gravés.

très utile à cet effet est le porte serviette-radiateur, un radiateur électrique où l'on peut suspendre les serviettes pour qu'elles aient une température agréable quand on les utilise.

▶ *Un miroir de famille, décoré à la feuille d'or confère une touche classique à cette salle de bains avant-gardiste équipée d'un lave-mains en grès, d'une console de marbre noir et d'un porte-serviette en acier inoxydable. L'ambiance est adoucie par des touches discrètes de bleu.*

▲ *Un store délicat tamise la lumière naturelle qui pénètre dans la pièce, en créant de beaux effets de lumière dans une salle de bains ornée d'un énorme miroir mural qui agrandit l'espace. Un lave-mains encastré en acier inoxydable, un robinet avec mélangeur et deux tableaux placés symétriquement au-dessus de la chasse-d'eau complètent l'ensemble aux tons doux.*

▶ *Sur une console de marbre noir, on a placé de façon désordonnée des flacons d'essences qui décorent l'espace. Sur une peinture de stuc protégée contre l'humidité, un tableau à godrons de bois apporte une touche de couleur et de lumière.*

Petite salle de bains et imagination

▶ Toile de lin pour recouvrir un « padolux », peintures spéciales pour dalles mêlant deux techniques, le lissé et le tamponné à l'éponge. Applique d'époque, avec deux toiles du peintre Sabala.

l'usager tout en étant, de plus, une pièce pratique et agréable malgré ses faibles dimensions. Résoudre ce problème n'est guère aisé, mais on peut y parvenir de deux manières : en remodelant et la structure et la décoration. La première solution suppose une transformation réelle de la structure ainsi que le changement du modèle et des mesures de ses éléments : cependant ceci est rarement faisable pour des raisons économiques et en raison du caractère irréversible de l'œuvre une fois réalisée. Dans ce cas, seule l'utilisation adéquate d'un espace inaltérable pourra nous être de quelque secours.

Il est évident que baignoire ou douche, lavabo et WC sont indispensables, mais il faudra bien examiner la fonction des autres éléments qui ne sont pas strictement nécessaires. On peut penser, par exemple, que le bidet, bien qu'il soit utile, n'est

▲ Une grecque classique suit le pourtour de la salle de bains à la manière d'une plinthe. Peinte au pochoir, elle se détache sur le fond vert de faux marbre et délimite l'espace où l'on a installé les porte-savons, les porte-serviettes, le lavabo et les WC. Au-dessus de la grecque, s'harmonisent miroir, appliques anciennes et toiles.

Une vieille maison, un jeune couple à la recherche d'un premier logement, quelques mètres carrés pour une famille, un petit studio ou un appartement pour un célibataire qui commence à vivre hors du noyau familial. Qui n'a pas connu une situation semblable ? A l'époque actuelle, l'aménagement intérieur est souvent conditionné par l'espace disponible, surtout en ce qui concerne la salle de bains qui, d'ordinaire, n'est pas la mieux servie lors du partage, étant

donné qu'on lui octroie, d'habitude, ce qui reste après avoir réparti les autres pièces.

Quand la salle de bains est petite, il faudra, tout comme pour la cuisine, faire preuve d'imagination au moment de sa conception et de la répartition de ses éléments afin qu'elle soit le plus fonctionnelle possible et satisfasse les besoins indispensables de

▶ Détail de la grecque poncée sur une peinture qui imite le marbre.

pas du tout indispensable puisque sa fonction peut être remplie par la baignoire ou la douche.

Le rangement est un problème difficile, et il sera peut-être inévitable de ranger certaines choses hors de la salle de bains : les médicaments, la balance, les serviettes qui ne sont pas utilisées, quelques produits de beauté, etc. Ainsi, le désordre, qui n'est jamais un bon allié, l'est ici encore moins, puisqu'il diminue l'espace et altère l'ambiance de la pièce.

Voici quelques conseils et petites astuces qui peuvent aider à trouver des solutions aux problèmes que nous avons évoqués :

• Il y a toujours des espaces non utilisés qui peuvent être d'une grande utilité pour réduire le mobilier d'une petite salle de bains : derrière la porte (porte-manteau pour le linge ou porte-serviette), la console de la fenêtre (pour mettre quelque

▲ *Une bordure peinte à la main souligne le miroir et l'encadre. Comme éclairage, un spot en forme de robinet. Les encadrements des portes ont été décorés de peinture décapée dans des tons violets.*

▶ *Pour séparer le coin des toilettes du reste, on a opté pour un rideau de bains assorti à la porte peinte grâce à la technique décorative de la peinture poncée. Sous une étagère placée sous le miroir, on a placé un petit pot de fleurs.*

◀ *On peut utiliser n'importe quel type de revêtement, s'il est suffisamment protégé contre l'humidité. Dans cette salle de bains, on a utilisé des partitions de musique vernies assorties aux moulures de la porte. S'il reste de l'espace à côté du lavabo, on peut y placer des vases de fleurs en verre. Un groupe de tiroirs complète la décoration de la pièce. L'éclairage se fait grâce à deux appliques.*

élément décoratif et/ou le porte-savon, les sels, l'éponge, etc.), une petite grille métallique accrochée à une extrémité de la baignoire (comme étagère où mettre les produits de salle de bains), l'espace sous le lavabo (parfaitement aménageable pour ranger les produits de salle de bains : savon, papier toilettes, etc., ou entreposer serviettes propres, bandages, etc., ou autres élé-

▲ Le grès ennoblit n'importe quel recoin de la salle de bains. Il est pratique, résistant et se détache sur la plaque de marbre blanc aux formes sinueuses. Un robinet mélangeur thermostat donne à l'ensemble une touche avant-gardiste. Une solution judicieuse : séparer la zone de la douche par un paravent de verre transparent.

ments : pèse-personne, chaussures, etc.). Cet espace nous permet souvent d'installer une ou deux étagères grâce auxquelles nous gagnerons une place considérable. Tous ces espaces, nous pourrons les fermer ensuite par des portes ou, solution plus facile et économique, un rideau assorti aux couleurs de la pièce.

• Le miroir, au lieu d'être un élément autonome et indépen-

dant, peut être la porte d'un placard placé au-dessus du lavabo, qui, bien que peu profond, se convertira en une étagère où l'on rangera produits et objets d'usage courant : eau de Cologne, crèmes, produits de beauté, peignes, brosses à cheveux, etc.

• On peut utiliser les vides au-dessus ou au-dessous des meubles et/ou des éléments fixes, comme les placards, les toilettes, etc.

• On augmentera la sensation d'espace en plaçant un miroir sur les murs sombres, en utilisant seulement deux couleurs pour les toilettes, ou en peignant les murs et le plafond de tons assortis aux serviettes.

• Recouvrir le bac de douche d'un couvercle amovible qui imite le revêtement de sol pour créer un nouvel espace, qui pourrait remplacer, le cas échéant, le manque d'espace devant le lavabo.

• Dans une petite salle de bains, le sol doit toujours avoir plus d'une fonction : dégagement + couloir + espace utilisable quand on est assis sur les toilettes ou devant le miroir, etc.

• Dans une maison ancienne, on peut essayer de remplacer les sanitaires principaux par d'autres plus modernes et confortables et probablement moins volumineux. Au moins, ils fonctionneront mieux et rendront l'ambiance plus gaie.

• Si la pièce est en long, des miroirs placés sur les murs latéraux aideront à diminuer la pièce ou à défaut, comme solution plus économique, on peut revêtir les murs de petits carreaux ou de carreaux de faïence.

• La similitude de couleur entre les murs et les meubles fera que ces derniers paraîtront plus petits qu'ils ne le sont réellement.

• Pour augmenter l'impression d'espace le noir et le blanc donnent toujours de bons résultats ; par exemple, combinés sur le sol à la manière d'un échiquier.

▶ Détail du sol de la douche recouvert d'une mosaïque décorative.

Une salle de bains dernier cri

▲ *Un miroir au cadre ancien contraste avec la décoration avant-gardiste du revêtement de céramique et le lavabo encastré. Le robinet mélangeur apporte aussi une touche classique.*

▶ *Une conception avant-gardiste unit tradition et modernisme. Avec des dalles multicolores et la technique de la mosaïque, on a dessiné une salle de bains avec WC suspendu et baignoire conventionnelle protégée par un rideau coloré.*

I est certain que l'habitat et sa décoration en général ont subi une grande évolution et en quelques années ont considérablement changé d'aspect. Il est également vrai que l'un des lieux où cette innovation se manifeste de la façon la plus évidente est la salle de bains. Il n'y a aucun doute qu'aujourd'hui il ne reste rien de ces pièces lugubres, déprimantes et mal aménagées. Cette pièce que l'on tolérait dans

la maison comme un mal inévitable s'est transformée de nos jours en l'une des plus luxueuses, des plus soignées, des plus appréciées. La décoration et la technologie sont en grande partie responsables du succès qui a entraîné ce changement radical.

Il est évident que les tendances actuelles de la décoration accordent une attention particulière à la salle de bains, et, avec sérénité et même délice, visent à ouvrir toutes grandes ses portes, loin de l'antique coutume qui faisait de la salle de bains une pièce petite, sombre, mal éclairée et laide, meublée seulement des quelques éléments indispensables à la satisfaction des besoins physiologiques élémentaires et dont la porte devait rester constamment

fermée pour dissimuler les lieux, y compris aux regards des occupants de la maison.

Le développement du culte du corps et l'importance toujours plus grande, inhabituelle autrefois, que l'on accorde à l'hygiène ont fait que la salle de bains est devenue l'une des pièces les plus importantes, les plus soigneusement aménagées, les plus accueillantes de la maison et, de nos jours, l'architecture d'intérieur effectue dans ce lieu de véritables prodiges.

Le premier changement a consisté à attribuer un plus grand espace à cette pièce en divisant nettement ses deux zones, la zone sèche et la zone humide. Celle-ci abritera la douche et la baignoire tandis que

◀ *L'antique tradition de la mosaïque a été reprise pour ce lavabo coloré sous lequel on a aménagé un espace commode pour ranger les serviettes. Les carreaux de faïence émaillée multicolores et le miroir peint à la main définissent un espace agréable et apaisant.*

▶ *Une chaise de style et un porte-serviette double en acier inoxydable s'intègrent dans une décoration où dominent les forts contrastes entre les teintes bordeaux et le blanc des murs et du rideau de douche.*

rables ; si ce n'est pas le cas, on doit rejeter cette solution pour éviter un résultat contraire.

Les transformations de cette pièce ont touché aussi le style des lavabos, qui présentent toutes sortes de lignes et de styles. Quelques modèles actuels ne cachent pas, comme autrefois, les canalisations derrière un placard ou un rideau, car leurs formes ont été dessinées de telle manière que leur vue, loin d'être désagréable et laide, paraisse hautement esthétique.

Quant à la robinetterie, élément indispensable, elle présente une gamme très variée et vaste, capable de satisfaire tous les goûts, de répondre à n'importe quel besoin et de s'adapter à toutes sortes de styles. Les tendances qui caractérisent la mode actuelle parient sur des modèles qui accentuent la valeur décorative de la salle de bains et sont de plus pourvus d'une technologie qui garantit un fonctionnement parfait. En outre, ils permettent une économie d'énergie considérable. Au traditionnel mélangeur à deux robinets (eau chaude et froide), on a ajouté avec succès le mitigeur, qui permet de régler la température de l'eau en actionnant le robinet d'un simple mouvement giratoire. Il existe des modèles pour tous les goûts et de tous les styles : avant-gardistes ou reproductions

l'autre contiendra tous les éléments nécessaires à la toilette et aux soins personnels, avec en plus, selon la mode actuelle, et si l'espace le permet, un petit gymnase. Le lavabo et tous ses éléments accessoires (miroir, armoire, porte-serviettes, etc.) peut s'installer dans l'une des deux zones.

Pour délimiter les deux parties, il existe diverses solutions : on peut les recouvrir différemment, la zone humide de matériaux résistants à l'eau, par exemple des carreaux de faïence ou de grès, et la zone sèche d'un autre type de carreaux, d'un parquet ou d'une mince moquette ; on peut aussi construire ces deux parties sur deux niveaux différents, en les faisant communiquer par deux ou trois marches ou en les séparant par une cloison ou un mur apparent. Ainsi, le plus novateur est d'ériger un mur de séparation de hauteur moyenne qui d'un côté comme de l'autre n'atteint pas les murs latéraux. Cette solution exige une pièce de dimensions considé-

de styles classiques, sobres ou de couleurs vives, luxueux ou discrets, parfaitement adaptables à n'importe quel budget, et les styles les plus futuristes qui présentent des nouveautés étonnantes : règlement automatique du mélange eau chaude et froide pour obtenir la température programmée ; incorporation de thermomètres électroniques pour connaître la température exacte de l'eau à sa sortie, et même robinets qui s'ouvrent automatiquement quand ils détectent, sous eux, la présence d'un objet.

La douche doit être séparée de la baignoire, et à la place des traditionnels rideaux de protection pour éviter les éclaboussures, aujourd'hui remis en cause à cause de leurs rares possibilités esthétiques, la nouvelle mode tend à installer la douche dans une cabine de verre ou à la fermer par un paravent de portes coulissantes. Le mitigeur de la douche est aussi novateur : réglage de la force de l'eau à sa sortie, jet de massage ou mélange d'eau et de savon grâce à une petite réserve située dans la robinetterie même.

▼ Un recoin dans une vaste salle de bains a été décoré par un lavabo ergonomique de porcelaine et des miroirs décoratifs symétriques éclairés par deux lampes. Le banc de bois sert d'étagère pour ranger accessoires et objets divers. Un fauteuil recouvert d'une housse en éponge ainsi que des décorations florales complètent l'ensemble éclairé par l'éclat jaune citron des murs.

Les tapis : chaleur, couleur et art

Quand on aborde le problème de la répartition des pièces et de la décoration d'une maison, on pense généralement à ses dimensions spatiales, aux ouvertures (portes et fenêtres), à l'attribution d'une fonction à chaque pièce, etc. Mais il existe un problème qui n'est guère évident puisqu'il est directement lié au type de logement et à la qualité et la personnalité de sa décoration. Il s'agit des sols. Selon la façon dont le sol est traité, l'ambiance d'une pièce, le résultat et l'effet décoratif seront différents.

Une certaine mythologie de luxe inaccessible et de préciosité entoure les tapis, bien à tort.

Sans doute, quelques pièces anciennes ou certaines créations faites sur commande peuvent être très chères, mais il est aussi certain qu'il existe des alternatives parfaitement accessibles, dont l'entretien est aisé, qui peuvent offrir la même élégance et donner des résultats très satisfaisants.

Il ne pas faut pas non plus interpréter la fonction du tapis uniquement comme un moyen

de combattre le froid hivernal puisque, à eux seuls, les tapis sont capables d'évoquer la splendeur du passé et de surprendre par leur beauté. Il faut oublier aussi le snobisme associé à l'achat des tapis ; dans tous les cas ils sont un bon investissement car, s'ils sont de qualité, ils dureront presque toute une vie. Quand l'hiver arrive et que l'on déroule les tapis, le foyer acquiert un confort chaleureux, devient accueillant comme par magie, et la décoration s'enrichit de leurs motifs attrayants.

▲ *Un tapis aux motifs géométriques influencé par l'œuvre de Picasso et de Braque introduit dans cet intérieur peu conventionnel une grande touche de couleur.*

Chaque fois que l'on envisage d'installer un tapis dans une pièce, il faut savoir, si l'on veut en tirer le maximum de profit esthétique, qu'un tapis tend à réduire l'espace. C'est pourquoi il faut le mettre dans de vastes espaces, lesquels rehausseront sa splendeur et son élégance.

Un tapis est un élément hautement décoratif en lui-même. C'est pourquoi, il est déconseillé qu'il apparaisse presque couvert ou caché par les meubles que

◀ *Le tapis aux tons rouges et bleus délimite et encadre la zone centrale du salon occupée par une table d'acajou circulaire. Les motifs sont tissés avec soin selon la technique du nouage et ajoutent une touche de chaleur à n'importe quelle ambiance.*

▶ *Les tapis persans avec des motifs géométriques peuvent aussi s'intégrer à une décoration moderne et faire ressortir une table en fer forgé peinte d'un motif en damier.*

l'on place dessus. Il vaut mieux le montrer dans sa totalité et si l'on doit mettre des meubles sur ce tapis, il est préférable qu'ils le couvrent au minimum ou, tout au moins si ces derniers ne sont pas transparents (de verre ou de méthacrylate transparents).

Les tapis se tissent selon la technique du nouage, et se distinguent par la forme et le matériau avec lequel ils ont été confectionnés. En fonction de quoi ils présentent diverses caractéristiques et particularités :

Kilims : Ils présentent des motifs et des coloris très variés et artistiques sur une laine un peu rêche et grossière ayant tendance à se froncer. Ils sont habituellement longs et étroits.

Orientaux : Originaires de Chine, où ils étaient tissés à la main, ils sont très épais et moelleux, par conséquent ils sont tout indiqués pour combattre le froid. De plus, ils peuvent s'adapter à n'importe quel type de décoration car ils offrent une gamme variée de couleurs et de prix (les plus chers en soie et les meilleur marché en laine).

Caucasiens : Fabriqués avec des teintures végétales, ils présentent des motifs simples et des couleurs gaies. Ainsi ils peuvent décorer avec succès tous types d'intérieurs, des modernes aux plus classiques.

Persans : Ce sont des tapis élaborés avec différents types de laines et qui résistent très bien à l'usure, beaucoup affirment que c'est au bout de vingt ans qu'ils présentent le meilleur aspect.

Dhurry : Ils sont très à la mode, et, à l'égal des kilims, ce sont des tissus plats, sans nœuds, réalisés selon une technique semblable à celle de la tapisserie. Ils sont légers, apportent de la fraîcheur et s'associent bien avec n'importe quel type de décoration grâce à leur vaste gamme de motifs, tailles et couleurs.

Fibre naturelle : C'est un type de tapis contemporain qui accepte une grande variété de teintes et d'imprimés. Ceux qui sont fabriqués selon des procédés naturels présentent différents tressages, tandis que ceux de production mécanique ont des possibilités infinies quant au coloris.

▲ *Un tapis de soie, originaire de l'Inde, terminé par de longues franges, sert à protéger le parquet sur une zone de passage du salon et à faire ressortir les pièces restaurées et peintes.*

▶ *Sous un fauteuil et un chariot typiquement art déco on a disposé un tapis aux motifs géométriques qui offre de doux contrastes.*

▲ *Un kilim discret, tissé à la main, confère à l'ensemble une touche d'élégance et contraste avec la sobriété des lignes du parquet.*

▶ *Un tapis de fibre naturelle peint à la main peut se placer à l'entrée d'une maison pour éviter les frottements sur le parquet.*

Si nous avons mentionné tous ces types de tapis, c'est pour en faire connaître la grande variété et pour faciliter le choix de ceux qui par leur texture, leurs motifs, leur qualité et leur prix s'adaptent le mieux aux nécessités de chacun.

Outre ces facteurs, qui sont déterminants au moment de choisir un tapis, il est aussi très important de choisir le motif qui s'adapte le mieux à la pièce qui lui est destinée. Le principe selon lequel un tapis cher conviendra mieux qu'un autre plus économique n'est pas toujours valable. Chaque décoration a ses exigences et conditionne les éléments qui aident à la définir.

Enfin, il est recommandé de bien entretenir les tapis pour leur assurer beauté et longévité. A ce sujet, voici quelques conseils qui vous seront très utiles :

• Pour éliminer la saleté qui adhère en surface, il convient de passer fréquemment l'aspirateur.

• Si l'on pense mettre le tapis sur un sol de bois, il est conseillé de mettre entre les deux, une fine couche de protection.

• Utiliser une toile spéciale qui existe dans le marché pour éviter que le tapis installé sur la céramique ou mosaïque du sol glisse ou se déplace et se froisse.

• Pour éliminer des détritus collés au tapis, il faudra les gratter avec soin puis les frotter doucement.

• Quand ils ne sont pas utilisés, ils doivent être rangés enveloppés dans du papier.

• Si sur le tapis on veut placer des chaises, des tables ou des meubles, c'est une bonne idée de mettre des patins sous les pieds pour éviter qu'en bougeant ces meubles, le tapis ne s'abîme.

• Pour les nettoyer, il existe sur le marché des produits spécialement conçus ; dans tous les cas on doit utiliser une mousse sèche ou un procédé semblable pour éviter des dommages secondaires.

▶ *Un petit tapis persan complète la décoration orientale de ce recoin qu'occupent une malle de nacre, des tambours chinois et un masque africain.*

Le charme des recoins

Stockage et esthétique ne font pas toujours bon ménage, surtout dans les logements modernes, où le peu d'espace disponible pour entreposer les objets nous contraint à chercher des solutions qui, souvent, sacrifient le plaisir des yeux à la nécessité de résoudre les problèmes de rangement et rendre le logis plus fonctionnel.

Dans toutes les demeures, il existe des recoins inutilisés, lieux d'accès difficiles qui, bien étudiés et aménagés, pourraient sans aucun doute jouer un rôle, mais qui, presque toujours, posent de graves problèmes de décoration. Avons-nous jamais pensé que, par exemple, un angle mort et oublié du salon, l'inévitable vide sous l'escalier auquel nous n'avons jamais prêté attention, un couloir étroit où rien ne rentre et qui s'avère insuffisant, une fenêtre inopportunément placée dans un coin, bloquant ainsi tout l'espace disponible, peuvent se transformer en lieu de rangement d'un grand attrait ?

On méprise généralement ce genre d'espace car, instinctivement, on considère d'emblée qu'ils sont inesthétiques. De plus, lorsqu'on décore une maison, il est normal d'avoir une vision globale qui permette de trouver la meilleure répartition des éléments d'une chambre ou d'une salle à manger sans se soucier de ces petits espaces ou recoins qui semblent éternellement condamnés à l'oubli.

Ceci conduit fréquemment à encombrer certaines pièces, avec tout ce que cela implique au niveau du confort et de l'esthétique, simplement parce qu'on a laissé pour compte certains espaces.

Avec un peu d'imagination, et en parcourant attentivement la maison, on pourra découvrir ces espaces. Bien qu'on ne puisse généraliser, car toutes les maisons diffèrent, il ne fait aucun doute que certaines des idées générales que nous exposons ci-dessous pourront être mises à profit :

Les fenêtres. Si elles ont une embrasure, elles sont très utiles, tant pour la décoration (en y plaçant, par exemple, plantes ou fleurs qui apportent de la gaieté)

▲ Le vide entre deux portes a servi à installer une magnifique cheminée recouverte de peinture métallisée qui remplit deux fonctions : embellir un espace peu utilisé et résoudre le problème du chauffage les jours d'hiver.

▶ Le coin de l'escalier peut être le lieu idéal où placer un arrangement floral de couleurs vives, transformant un lieu de passage en point de mire. La cloison de pin du nord est ornée d'un chapeau de paille.

▶ Dans une pièce, un mur nu peut se recouvrir d'une boiserie sur mesure sur laquelle on disposera livres et objets décoratifs.

Dans un recoin de la mansarde, on a choisi d'installer une cheminée construite sur mesure, peinte à la main, qui sert à la fois d'élément décoratif et de source de chaleur.

qu'à des fins pratiques en les utilisant comme consoles où l'on pourra poser quelque objet décoratif ou comme étagère où l'on rangera livres ou revues. Souvent les fenêtres sont situées dans des angles étroits ou insolites que l'on peut utiliser pour y placer une petite table de travail, ce qui permettra de profiter pleinement de la lumière, ou, si l'espace est insuffisant, on y placera une plante qui, avec l'aide de la lumière extérieure, pourra acquérir de grandes qualités décoratives et ornementales.

Double usage. Votre imagination vous aidera à découvrir qu'en de nombreux cas, et pour tous les espaces disponibles, on trouve sur le marché nombre d'objets et de meubles qui peuvent servir à la fois d'élément décoratif et de rangement : un banc coffre, de vieilles malles ou des lits et des armoires sous ou sur lesquels il existe des espaces disponibles, etc.

Le vestibule. C'est un espace aux multiples fonctions : lieu d'entrée et de sortie de la maison, zone de passage, dégagement, mais, outre sa fonction esthétique de « vitrine » de la maison, c'est un emplacement idéal pour une armoire étroite et haute ou un petit meuble de rangement.

Recoins difficiles. Le vide sous l'escalier, un espace vide entre deux canapés peuvent toujours être utilisés au bénéfice de l'esthétique et du rangement. Ce sont des espaces où l'on pourra installer un lampadaire, une plante ou un guéridon. Par exemple, dans le vide que l'on trouve habituellement de chaque côté des cheminées on peut placer des étagères de bois ou de pierre ou, si l'espace est réduit, un meuble bar décoratif.

◄ Un espace minuscule entre un mur et une armoire a été transformé en un évier fonctionnel. Le mur a été orné de carreaux de faïence pour éviter l'humidité.

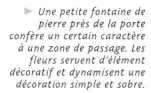
L'emplacement du lit, contre le mur, a rentabilisé au maximum un recoin non utilisé. La fenêtre revêtue d'une petite persienne de fibre végétale apporte une touche peu conventionnelle à l'ambiance.

De la même manière que l'on décide de la distribution des pièces en fonction de leurs dimensions, leurs proportions et les nécessités de chacun, il doit aussi y avoir des lieux qui surprennent, qui soulignent le côté inventif de la maison et qui soient fonctionnels. Les idées proposées ici sembleront peut-être superflues, mais elles apporteront sans doute une touche personnelle, différente et originale.

▶ *Une petite fontaine de pierre près de la porte confère un certain caractère à une zone de passage. Les fleurs servent d'élément décoratif et dynamisent une décoration simple et sobre.*

Bain relaxant

Parmi les différents éléments qui figurent dans une salle de bains, la baignoire est l'un des plus importants et, sans doute, le plus apparent de par sa taille surtout. C'est précisément pour cette raison qu'elle pose des problèmes majeurs au moment de décider de son emplacement dans un espace disponible, qui préserve son côté fonctionnel et ne compromette pas la décoration de l'ensemble.

Sur le marché, on peut trouver une vaste gamme de modèles, de toutes sortes, tailles et formes, susceptibles de s'adapter aux particularités de n'importe quelle pièce : rondes, ovales, carrées, allongées ou plus profondes. Le mieux est d'installer la baignoire contre le mur, qu'elle occupera en entier si la pièce est petite ou bien au milieu, en laissant des espaces des deux côtés dont on peut tirer parti pour installer les toilettes et un placard ou une étagère et même quelque plante ornementale.

Cependant, si la salle de bains est grande, on peut créer un effet esthétique en installant la baignoire au centre de la pièce. Il est de même surprenant et

▷ Ici, on a disposé de l'espace et de la lumière nécessaire pour différencier les zones avec un changement de niveau qui a permis d'encastrer la baignoire dans le sol, en la rendant indépendante de la zone de la douche. Le grès apporte classicisme, élégance et contraste des coloris.

attrayant de l'installer au ras du sol ou, au contraire, de la surélever en construisant des marches pour y accéder, bien que ces deux options puissent être très onéreuses.

Comme on peut le constater, il existe de multiples possibilités et options. Mais il ne faut jamais oublier, avant de se décider pour une solution donnée, les caractéristiques de la pièce, ses dimensions et le type de décoration qu'on y a projeté. Dans tous les cas, la baignoire doit être au service de l'ensemble et pas le contraire et jamais sa taille ne doit dépasser les dimensions admises par la pièce.

On utilise habituellement quatre matériaux pour la fabrication des baignoires : l'acrylique,

▲ Une solution traditionnelle : le lavabo se situe sur un meuble pratique à tiroirs, sous un grand miroir, et la baignoire se trouve le long d'un mur latéral rectiligne, pour occuper le minimum d'espace. Les chromes de la robinetterie contrastent avec la chaleur du bois.

▷ Sous une très grande fenêtre, on a décidé d'installer une baignoire d'époque, semblable aux modèles courants au XIXᵉ siècle. Pour accentuer le contraste de couleurs on a disposé des listels comme par exemple une petite plinthe noire qui parcourt toute la pièce. Le lavabo et les robinets avec mélangeurs en forme de croix donnent à l'ambiance une touche rétro.

la fibre de verre, des plaques d'acier ou de fonte.

- Le premier matériau est le moins cher et le plus courant et conserve mieux la chaleur de l'eau que le métal. Il est assez résistant aux coups, mais, par contre, il faut faire attention lors du nettoyage, car les dissolvants et les produits qui nettoient à sec peuvent l'abîmer.

- Celles de fibre de verre comportent diverses couches de ce matériau, sont plus rigides et se déforment moins facilement. Elles se présentent sur le marché avec une infinité de finitions, métallique, nacrée, imitation marbre et effet exotique.

- La fonte émaillée est le matériau le plus classique, mais aussi le plus cher. Elle possède une finition magnifique de porcelaine émaillée, qui peut être de différentes cou-

▲ Une baignoire encastrée a été revêtue de grès pour l'assortir aux carreaux de faïence de la salle de bains. Le grès, très décoratif, est un matériau résistant aux éclaboussures et à l'humidité.

leurs mais est un peu lourde et froide au toucher.

- Les baignoires en lames d'acier sont également recouvertes d'une couche de porcelaine émaillée, mais elles sont moins chères et plus légères que celles en fonte.

Il ne faut pas oublier que l'espace qui entoure la baignoire doit être recouvert d'un matériau résistant aux multiples éclaboussures, et que ce même espace est susceptible d'être utilisé pour le rangement : des deux côtés de la baignoire une petite console où mettre les shampooings, les gels et les éponges est toujours utile, ainsi qu'un petit porte-serviette, tandis que sur les murs qui l'entourent, on peut suspendre de petites étagères ou encoignures.

Les rideaux peuvent aussi aider à éviter les éclaboussures, mais certains décorateurs ne les trouvent pas très esthétiques.

◄ Si l'on veut donner une touche de couleur aux murs d'une salle de bains, on peut combiner carreaux de faïence et grès en alternant divers tons. Le résultat est gai et peu conventionnel. La baignoire étincelante reflète la lumière naturelle.

En revanche un paravent de verre transparent avec une porte coulissante est très pratique et décoratif et ne diminue absolument pas l'impression d'espace.

Le rythme imposé par la vie moderne provoque chez certains de véritables symptômes de fatigue et de stress, c'est pourquoi le corps a besoin après une dure journée de travail d'un massage relaxant qui aide à son entretien. Par conséquent, on commence à voir dans les foyers des baignoires pour thermomassage qui s'installent de la même manière que les traditionnelles. Elles nécessitent seulement un câble d'alimentation bien isolé et disposent de mitigeurs pour régler la température de l'eau. En règle générale, l'eau excessivement chaude est déconseillée.

▲ *Baignoire avec effet de carreaux de faïence ou « trencadés » très utilisé par les artistes catalans de l'art nouveau.*

◄ *Le bac de douche cimenté de style marocain recouvert de vernis imperméables change de tonalité avec l'eau.*

▲ Il est très utile de disposer d'un endroit à côté de la baignoire pour y ranger tous les produits de toilette, et y placer quelques éléments décoratifs, comme des plantes résistantes à l'humidité et à l'eau.

◄ Une ancienne baignoire en fonte restaurée et une robinetterie avec mélangeurs de porcelaine rappellent les baignoires légendaires des stations balnéaires.

▶ Un revêtement de carreaux de faïence noire crée une ambiance avant-gardiste. Une baignoire en travertin et un grand miroir aux moulures décorées à la feuille d'or forment contraste. Sous la fenêtre, on a aménagé une tablette pratique où l'on range divers produits de beauté.

Au cœur du foyer

◀ *Un coin de cuisine recouvert de carreaux de faïence d'inspiration arabe contraste avec une table de travail encastrée classique de marbre italien. Dans un coin, une collection de bouteilles et objets ajoute une touche de couleur.*

Si nous voulons que notre propre demeure se convertisse en un foyer, c'est-à-dire en un endroit accueillant et chaleureux, où vivre dans la détente et dans le plus grand confort possible, il est indispensable que la décoration et la distribution des pièces s'adaptent le mieux possible à notre personnalité et à notre manière d'être. Pour y parvenir, il est nécessaire que chaque pièce, chaque élément, chaque détail soit étudié avec le plus grand soin. De même, on doit apporter le plus grand soin à l'aménagement de la chambre, la salle à manger ou la salle de séjour en tenant compte de ses goûts et ses besoins personnels. On doit prendre tout le temps nécessaire pour décorer la cuisine convenablement, en la marquant de son sceau personnel, de façon qu'elle soit un lieu confortable et plaisant où effectuer les tâches propres à ce lieu, indépendamment de sa taille.

La décoration contemporaine, en s'adaptant aux nouvelles habitudes alimentaires, à l'apparition de nouveaux appareils électroménagers ou à l'entrée de la femme dans le monde du travail, a complètement délaissé le concept absurde et démodé qui faisait de la cuisine un endroit petit, sombre et peu confortable, alors que, paradoxalement, c'est

◀ *Une petite cuisine traditionnelle avec une hotte apparente recouverte de bois dispose d'une vaste zone de travail et de rangement où suspendre ustensiles et objets. La lumière entre par une grande fenêtre aux vitres transparentes.*

▶ *Une annexe de la cuisine a été aménagée en garde-manger avec des étagères métalliques ; une grande armoire en bois confère une touche rustique à cette zone.*

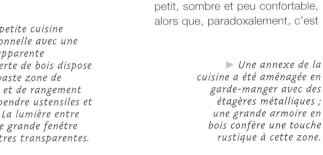

▲ *Décorer des recoins inutiles dans une cuisine est facile si l'on a un peu d'imagination. Des étagères fonctionnelles occupent toute la partie supérieure et servent à ranger les bouteilles. La zone de cuisson est une ancienne commode à laquelle on a incorporé des plaques électriques. A côté, un évier fermé par un pan de toile complète l'ensemble.*

l'un des espaces les plus utilisés du foyer.

Naturellement, il y aura toujours ceux qui considèrent que les tâches culinaires sont un travail secondaire, ceux qui aiment préparer tranquillement et avec soin leurs recettes dans une ambiance qui évoque la nature, ceux qui préfèrent une cuisine petite et fonctionnelle pour les

rares moments qu'ils passent chez eux ou ceux qui décident de prendre tous leurs repas dans cette cuisine. En fonction des contraintes spatiales et des choix personnels, les cuisines tendent vers trois conceptions différentes :

• Une pièce de travail pour les cuisiniers solitaires qui préfèrent exercer leur art dans l'intimité.

• Un lieu où l'on peut prendre son petit déjeuner et quelque repas rapide.

• Le véritable lieu de réunion de la famille, où l'on mange, travaille et où l'on bavarde amicalement.

Dans tous les cas, quel que soit le côté fonctionnel que l'on veuille lui donner, il conviendra de créer un lieu au caractère individuel qui réponde aux nécessités culinaires de l'utilisateur. Voici quelques options :

Style champêtre. Il emploie un mobilier de bois brut, des carreaux de faïence de type rustique et des ustensiles traditionnels, on prétend ainsi introduire dans la cuisine la luminosité et la tranquillité de la vie à la campagne. Dans ce type de décoration, ce sont les couleurs typiques terre ou ocre et les sols en bois ou en brique qui dominent.

Style méditerranéen. Il revendique dans la décoration la simplicité et l'importance des objets traditionnels et des ustensiles les plus habituels, face aux appareils électroménagers. Une cruche d'eau ou des couteaux bien aiguisés suffisent à donner le ton. La chaleur qui émane d'une simple corbeille à pain en osier ou de stores en bois anciens est surprenante.

Style urbain. Ce doit être une cuisine très fonctionnelle qui tire parti au maximum des avantages des appareils modernes et où tout doit être parfaitement ordonné pour faciliter les tâches de ceux qui passent peu de temps chez eux ou disposent d'un temps limité pour se consacrer à la préparation des repas.

Style industriel. Il mêle la plus haute technologie à une esthétique propre aux locaux industriels : meubles en métal, évier et étagères en acier et sols synthétiques.

Style médiéval. A l'aide de quelques meubles anciens et de caractère, on essaie de créer une impression de vitalité et de luminosité. Des tissus dont les motifs évoquent le temps passé, des ustensiles en terre cuite et des fleurs décoratives sont indispensables pour créer la chaleur propre à cette ambiance.

Style «sans façons». C'est la vision la plus jeune et la plus insouciante, la plus libre et la

▶ *Un placard aux portes vitrées abrite des étagères où l'on range la vaisselle et les verres. Il a été placé derrière une porte pour rentabiliser un espace inutile dans la cuisine.*

plus gaie et colorée. On introduit des couleurs particulièrement voyantes (sur les portes des placards, sur les étagères et même sur les appareils électroménagers) et des formes et des procédés aussi peu habituels qu'originaux et amusants.

Il est vrai que les activités qui s'y déroulent, la quantité d'éléments qu'elle contient et son exposition permanente au désordre font que la cuisine constitue l'une des pièces les plus complexes de la maison et peut-être celle qui présente la plus grande difficulté au moment de choisir sa décoration.

▶ *La cuisine a été décorée de carreaux de faïence jaunes et bleus en grès rustique. L'évier constitué d'un grand bassin de marbre et les robinets mélangeurs donnent à l'ensemble une touche ancienne. Les petites étagères sont une bonne solution pour exposer la vaisselle et les objets décoratifs.*

▲ Si la cuisine dispose d'espace, on peut aménager une zone en forme d'île pour l'utiliser comme lieu de travail et de salle à manger improvisée. Le dessus de bois conçu par un artisan, et le « trencadis » de la hotte forment un ensemble unique dans la cuisine.

◀ Ce meuble placard et la table sont aussi spécialement conçus pour cette cuisine afin de lui donner un aspect très personnel et chaleureux. Ce sont des pièces uniques.

▶ L'éclairage est fondamental dans une cuisine. Si l'on installe des spots encastrés dans le plafond, il ne restera aucun recoin qui ne soit éclairé. Sur un plafond de bois, on a disposé des spots alignés qui distribuent la lumière dans toutes les directions. Le mur de brique et le carrelage du sol apportent une note rustique et élégante, seulement rompue par les touches avant-gardistes du dessus de bois et du plafond.

Cuisines de charme...
- des goûts et des couleurs

cuisines de nos grand-mères lorsque dans les foyers c'était la pièce centrale de la maison. Pour obtenir cette chaleur rustique, les fabricants présentent désormais des cuisines où dominent les matériaux naturels, nobles et authentiques comme le bois ou le verre. Esthétiquement on préfère les lignes très simples, sans ornements ni moulures compliquées, associant finitions synthétiques de couleurs gaies et lumineuses aux bois naturels. Quant aux bois, les plus appréciés sont les bois bruts, décapés et teintés couleur chêne, merisier, hêtre, etc. Tous les bois

employés pour les cuisines doivent être recouverts de vernis qui protègent de l'humidité et de la chaleur.

L'une des composantes les plus importantes de la cuisine est la table de travail. Elle doit être résistante car elle est mise à rude épreuve.

Cette dernière doit résister aux objets tranchants, à la chaleur, au froid, à l'humidité, aux graisses et produits corrosifs. Cela signifie

Une jolie cuisine, pratique et bien organisée peut faire la différence entre le plaisir de cuisiner ou le regret de devoir affronter cette corvée quotidienne. C'est pourquoi il est important d'étudier la meilleure manière de distribuer l'espace de chaque cuisine, principalement s'il s'agit d'une cuisine rustique car elles sont généralement conçues à l'ancienne mode et il faut les actualiser.

Dans les décorations rustiques en général, on recherche l'intimité et la chaleur. On revient aux

Trois petites fenêtres soulignées de bleu laissent entrer la lumière dans un espace badigeonné à la chaux où des étagères de maçonnerie ont été adossées au mur pour exposer divers objets décoratifs.

Une vaste salle a été convertie en une cuisine fonctionnelle avec au centre une grande zone de travail et de cuisson au-dessus de laquelle on a placé une hotte décorative. Aux poutres sont suspendus divers objets, tels que poêles et casseroles.

Pour créer des cuisines très rustiques, il faut prévoir une zone spacieuse recouverte de carreaux de faïence ainsi qu'une grande hotte sur laquelle on peut placer divers ustensiles. Au centre de cet espace, on répartira de manière fonctionnelle table et chaises ou l'on y placera le plan de travail.

que les matériaux dont elle se compose doivent être à toute épreuve. Ici aussi le bois est le matériau le plus chaleureux et agréable. Le problème est que c'est un matériau délicat. On peut y remédier en recouvrant d'acier, de marbre ou de bois renforcé les zones les plus fragiles, ainsi le dessus sera protégé. Une autre option est le granit. Il convient tout à fait grâce à sa résistance à tous types d'agression, coups brusques et produits abrasifs. Le marbre est également résistant ; dans les cuisines rustiques on emploie surtout le marbre blanc de pays. Une tendance actuelle consiste à recouvrir d'acier certaines surfaces, pour créer un contraste avec les éléments rustiques.

Ici on veut montrer toutes les possibilités qu'offre la décoration dans le style rustique. Par exemple une cuisine peut associer le bois brut aux carreaux de faïence vert d'eau, à l'acier inoxydable et aux revêtements de polyester laqués blancs, mais il faut toujours savoir intégrer ces matériaux avec goût. Beaucoup d'idées, qui sur plan peuvent sembler étranges, nous surprennent une fois réalisées, par leur grand effet décoratif. Par exemple une cuisine aux meubles en bois massif décapé et teinté, avec traitement de finition imperméable à l'eau.

Pour donner à la cuisine une certaine allure, on peut jouer avec la hotte qui peut être même en acier ou en cuivre, ou recouverte d'une peinture lavable décorative… Il est donc important de bien assortir cadre et mobilier.

Nous montrerons aussi différents sols, car de nos jours il existe des traitements tellement perfectionnés que l'on peut même mettre un parquet dans les zones de cuisson et de travail.

Ainsi, s'il est préalablement traité, le mobilier de bois noble,

▶ Distribuer symétriquement l'espace est un procédé décoratif à ne pas négliger. Deux étagères en verre au-dessus du revêtement de bois servent à tirer parti d'une zone inutile et mettre à portée de main les ustensiles et la vaisselle nécessaires pour cuisiner.

par exemple le chêne massif, peut trouver sa place dans une cuisine.

Les poignées jouent aussi un rôle important ; parfois il suffit de les remplacer par des modèles en porcelaine ou en bois ou autre matériau qui se marie avec le meuble, la cuisine y gagnera beaucoup sur le plan esthétique.

La décoration se nourrit souvent de petites astuces qui sont le sel et le poivre d'une maison.

▶ Le moderne rustique est une tendance très actuelle. Une grande table de travail en bois sert d'élément décoratif. Le mur peint d'une tonalité chaude rehausse le bois et apporte à l'ensemble une touche élégante.

NIVEAUX MULTIPLES, DÉGAGEMENTS ET AMÉNAGEMENT DE L'ESPACE

Les espaces sur deux niveaux sont très à la mode aujourd'hui étant donné que, lorsque l'on transforme des immeubles commerciaux en habitations, la meilleure façon de tirer parti du volume disponible est de créer des combles et des duplex, où les pièces donnent les unes sur les autres. De même, la nécessité de mettre l'espace à profit a contraint décorateurs et architectes à chercher à tirer parti de pièces qui auparavant pouvaient être considérées comme des zones de passage, comme les vestibules, les couloirs, etc.

Les zones de passage que nous rencontrons pratiquement dans toutes les maisons sont, ainsi, le vestibule, le couloir et le dégagement. Chacune de ces zones possède sa propre identité et par conséquent nous les traiterons séparément. Cependant, étant très fréquentées, il faut recouvrir murs et sols de matériaux résistants, les meubler avec parcimonie afin de faciliter le passage et prévoir un éclairage pratique et économique.

De façon générale, les vestibules sont de petites dimensions et peu éclairés. D'une certaine façon, cela n'a guère d'importance car il ne s'agit pas de pièces où l'on va exercer une activité qui demande de l'attention ou un long séjour.

S'ils communiquent avec une pièce extérieure qui dispose d'une lumière abondante, il faut chercher à tout prix la façon d'en bénéficier, que ce soit en supprimant la porte et en créant une séparation qui permette le passage de la lumière, ou en installant une porte vitrée.

En ce qui concerne l'éclairage artificiel, une source de lumière discrète sera suffisante. L'idéal pour gagner de l'espace, ce sont les lampes encastrées dans le plafond, bien que les appliques murales conviennent aussi ou, selon le type de décoration, une petite lampe de chevet.

La décoration de cette pièce est importante car elle conditionne au plus haut point la première impression que se fait le visiteur de la maison. Pour la décorer, un des premiers critères qu'il faut prendre en compte, ce sont ses dimensions. Si l'espace est très réduit, on peut recourir à l'astuce du miroir, qui agrandit visuellement l'espace, en l'accompagnant d'un portemanteau ou d'une petite banquette. Un choix judicieux sera de le laisser dégagé et d'y placer une armoire peu profonde qui servira à ranger les manteaux et cacher les compteurs. Si la dimension le permet, nous pouvons lui donner plus d'importance et le meubler entièrement : d'un portemanteau, porte-parapluie, petit fauteuil et table ou secrétaire adéquats pour déposer le courrier, écrire une note, etc., en faisant toujours en sorte que le passage soit dégagé.

Un vestibule, parce qu'il s'agit d'un lieu fréquenté, doit être décoré de façon fonctionnelle et ne pas être encombré. Les portes vitrées sont idéales dans toutes ces zones pour laisser passer la lumière de la pièce attenante, si elle est extérieure. Une console ou tout autre meuble léger serviront à décorer sans envahir l'espace si le vestibule ou le dégagement est étroit, nous montrerons aussi comment on peut installer armoires, bibliothèques et autres meubles de rangement quand l'espace le permet. Un moyen de donner chaleur et élégance à ces espaces est de les orner de livres ou de meubles coloniaux. Les tapis jouent aussi un rôle important, comme nous pouvons le voir sur les photos. Nous faisons allusion aux pièces de dimensions réduites puisque réussir leur décoration est plus difficile que pour les grandes pièces, car il faut chercher des solutions qui s'adaptent à l'exiguïté de l'espace. Dans ce but, on fait souvent des meubles sur mesure, et nous essaierons d'en donner ici un aperçu. Les miroirs aussi agrandissent l'espace si l'on sait les utiliser. Enfin, il faut porter une attention particulière aux détails tels que les rideaux, les stores, les tableaux et les ornements. Toutes ces possibilités décoratives sont exposées dans ce paragraphe, dans le but de faciliter pour le lecteur la décoration des duplex, vestibules, dégagements et couloirs.

Des livres dans la maison

A une époque encore récente, c'était une pratique habituelle de réserver une pièce de la maison exclusivement aux livres. Pour cela on avait l'habitude de choisir une grande pièce dont les murs étaient couverts d'étagères, de bibliothèques jusqu'au plafond et qui, en y ajoutant secrétaire et autres meubles, pouvait parfaitement servir de bureau.

Actuellement cette coutume s'est perdue peu à peu, surtout en raison de l'étroitesse des maisons modernes, et la bibliothèque s'est convertie en un lieu exclusif pour amateurs de lecture ou certaines professions : professeurs, journalistes, écrivains, etc., qui choisissent de consacrer une pièce à l'exercice de leur métier ou à leur passe-temps favori.

Ceci mis à part, de nos jours, une majorité de personnes considèrent encore que les livres sont en eux-mêmes de beaux objets nobles et décoratifs dont les couleurs, les tailles et les textures variées réjouissent la vue. On affirme même qu'un salon sans livres est une rareté et que leur absence fait de ce lieu un désert. Sinon, pourquoi vendrait-on ces objets d'ornement qui imitent le dos des livres, ou pourquoi, lorsqu'on photographie un personnage important, le fait-on poser devant sa bibliothèque ?

Si notre logis ne peut disposer d'une pièce spéciale pour la bibliothèque, le plus commode est de l'installer dans le bureau, s'il y en a un, ou dans le salon.

Si l'on n'est guère passionné de lecture, on pourra placer les livres sur quelque étagère ou meuble du salon en y intercalant d'autres éléments décoratifs, mais si l'on veut installer ne serait-ce qu'une petite bibliothèque n'importe quel mur libre de la pièce fera l'affaire.

Evidemment, la bibliothèque est un meuble qui, étant donné le volume qu'il occupe, peut créer des problèmes de place dans une demeure de dimensions réduites, mais cela n'est pas une raison suffisante pour s'en passer car il existe de nombreuses manières de pallier cet inconvénient.

Avant d'installer la bibliothèque il convient d'essayer de trouver et de mettre à profit les espaces inutilisés : un pan de mur entre deux fenêtres, l'espace libre à côté des portes et même l'espace au-dessus de la porte. Les côtés de la cheminée peuvent aussi servir à placer quelques étagères qui serviront de bibliothèque. Mais il ne faut pas oublier qu'il existe sur le marché des systèmes d'étagères en kit ou des modules qui permettent de construire la bibliothèque dans les limites de l'espace disponible.

On ne doit pas craindre de couvrir les murs de livres étant donné que, toute considération de type culturel mise à part, ils sont décoratifs et contribuent grandement à créer une ambiance agréable et accueillante. Il se peut que de longues rangées de livres provoquent une impression d'écrasement et de claustrophobie, mais il est possible de combattre cette impression en laissant entre les livres divers objets décoratifs comme des fleurs, des photos, des objets de céramique, une sculpture, un instrument de musique, un récipient ancien, etc.

La télévision ou la chaîne peuvent être aussi des éléments tout indiqués pour partager la bibliothèque et éviter l'impression d'accablement. Si l'on dispose d'un espace suffisamment vaste, une solution qui peut être pratique et spectaculaire consistera à utiliser ce meuble pour séparer deux espaces, par exemple le salon et la salle à manger ; ou dans un petit appartement d'une seule pièce, pour séparer la chambre de la salle à manger ; ou la chambre du reste de la superficie.

Le matériau le plus utilisé est le bois rustique, peint, laqué qui s'adapte toujours très bien à tous les types de décoration, mais on peut choisir aussi le métal ou le méthacrylate, par exemple, à condition qu'ils ne jurent pas avec le reste du décor.

La meilleure façon d'éclairer une bibliothèque est d'utiliser de petits spots séparés et à demi dissimulés entre les livres et les bibelots. Le fait de concentrer tous les livres dans un même

▲ *N'importe quel pan de mur de la maison peut se recouvrir d'étagères pour ranger les livres. Une simple échelle peinte de même couleur n'est pas seulement utile mais enrichit la décoration.*

▲ *Les livres contribuent grandement à la décoration. Là où ils abondent, l'ambiance ne sera jamais froide, même à l'heure actuelle où, dans les petits appartements, il est difficile de maintenir les étagères en ordre, car il faut y mettre toutes sortes d'objets.*

▲ Les bibliothèques modulables ont l'énorme avantage de pouvoir s'agrandir au fur et à mesure qu'augmente le nombre de livres. Elles sont idéales pour des logements provisoires.

◄ Pour qu'une bibliothèque soit décorative, il n'est pas indispensable que le meuble soit très important. Les livres sont si nobles en eux-mêmes qu'ils embellissent toujours le lieu qu'ils occupent.

local ou dans une seule biblio-thèque de vastes dimensions est une idée à revoir, surtout si l'on a peu de livres, ou, dans le cas contraire, si l'on dispose d'un appartement exigu qui ne permet pas de leur consacrer une pièce individuelle. De petits groupes de livres, dûment choisis et classés,

répartis dans divers lieux de la maison, en plus de constituer un élément décoratif attrayant, évi-teront la sensation d'étouffement et d'hétérogénéité que pourrait créer la présence d'une grande quantité de livres dans un seul local. En accord avec ce que nous avons évoqué, on peut envisager de répartir rationnelle-ment les livres sur les différentes étagères de la maison. Ainsi on peut installer les livres d'art et les livres illustrés dans le salon-salle à manger ; les livres d'enfants sur une étagère amusante et gaie dans la chambre des enfants ; des livres d'adultes ou

► Cette bibliothèque est très austère. C'est le lieu idéal pour faire cohabiter livres et souvenirs de voyages, sculptures ethniques ou tout autre type de collection exotique.

▼ On ne peut pas toujours avoir une bonne bibliothèque puisque l'espace qu'elle exige est énorme et les appartements actuels ne disposent même pas de la hauteur nécessaire. Mais lorsque c'est possible, c'est la solution idéale.

◄ *Le style moderne conçoit les bibliothèques presque toujours de façon très pratique et très réussie au niveau esthétique, car on se préoccupe d'utiliser l'espace au maximum tout en prêtant une attention particulière aux matériaux et aux finitions.*

aux thèmes plus spécifiques, dans un petit meuble installé dans la chambre matrimoniale ; les livres de recettes de cuisine sur une étagère de la cuisine ; des romans, essais,… la littérature en général, peut-être dans le vestibule ou le couloir, sur une étagère basse sous laquelle on peut poser quelque élément décoratif. Bien qu'il soit évident que cela dépendra toujours de l'espace disponible, il est certain que l'on pourra toujours trouver de nombreuses solutions.

◄ *En transformant une galerie en bibliothèque, on a attribué une fonction pratique à un lieu habituellement peu utilisé. Ses doux tons pastel la rendent plus accueillante et invitent à la lecture.*

► *C'est un lieu plein de lumière et très fonctionnel. Ici il n'y a pratiquement pas d'éléments accessoires ni ornementaux. Par exemple, on a fait abstraction des rideaux, ce qui est inhabituel. Toute la décoration est basée sur les lignes, le revêtement des meubles et la couleur lisse des murs, seulement rompue par un tableau. Les livres du mur du fond, rangés dans une bibliothèque aux lignes sobres et légères, constituent en eux-mêmes un élément décoratif d'une grande importance.*

◄ *Les espaces sur deux niveaux sont idéaux pour installer la bibliothèque. Tout d'abord ils peuvent contenir de nombreux livres, mais en plus ce sont des lieux qui, autrement, seraient certainement sans attrait.*

Une pièce confortable

La salle de bains est une pièce très particulière et unique dans n'importe quel foyer ; sans doute le lieu le plus intime, qui reflète le style de vie et la manière d'être de chacun. C'est pourquoi sa décoration est très personnelle. Cependant, il ne faut pas oublier que les activités qui se déroulent dans cette pièce déterminent de manière décisive sa conception bien plus que pour n'importe quelle autre partie de la maison. Ainsi, la disposition des éléments choisis doit être étudiée à fond et obéir toujours à des critères fonctionnels, qui doivent prévaloir sur n'importe quel autre (style, esthétique, etc.).

Il y a de cela seulement quelques années, il était habituel de considérer la salle de bains comme une pièce secondaire et marginale, bonne seulement à satisfaire certaines exigences élémentaires de l'utilisateur. Sa décoration se limitait à placer les quelques éléments indispensables sans fioritures superflues dans un espace aux dimensions presque toujours réduites.

▶ Voici une solution simple mais élégante pour cette partie de la salle de bains. Le choix réussi du meuble-table, avec lavabo incorporé, la délicatesse des lignes, la robinetterie et la sobriété générale dotent ce recoin d'un charme singulier.

De nos jours ses fonctions se sont multipliées et, comme toute autre pièce de la maison, la salle de bains, en plus d'être réservée aux simples besoins physiologiques, sert à l'exercice d'activités très variées et communes de la vie quotidienne : bain et douche, toilette générale des adultes et des enfants, rasage et épilation, manucure et pédicure, massage, soins cosmétiques propres aux femmes ou bain relaxant.

Au moment de planifier l'espace, il faut considérer avant tout les trois éléments principaux : lavabo, toilettes et baignoire. De plus, si possible, il faut ajouter le

▲ Cette douche a été installée dans un endroit qui communique presque directement avec le jardin et l'extérieur. En accord avec le côté rustique de cette demeure, la douche est très fonctionnelle et dépourvue d'éléments décoratifs autres que les matériaux des murs, du plafond et du sol.

▶ Dans la décoration, il existe toujours mille possibilités et combinaisons, selon l'imagination et la capacité créative de chacun. Si l'on possède une demeure rustique, il est possible d'y installer des éléments très modernes, par exemple, ce lavabo.

◄ Pour obtenir de bons résultats en décoration, il n'est pas toujours nécessaire d'avoir recours à de grandes créations ou à des idées sophistiquées. Une bonne association de lignes, une grande sobriété d'éléments et, surtout, une répartition soignée peuvent aider à obtenir le résultat désiré, comme dans cette salle de bains en réduisant au minimum les éléments, et en ne gardant que l'indispensable.

▲ C'est un grand avantage que de disposer d'une salle de bains attenante à la chambre avec accès direct. Cela exige toujours que l'on dispose d'un certain espace, que le passage soit toujours facile et dégagé et que, en ce qui concerne la décoration, cette salle de bains soit assortie à la chambre, et forme avec elle un ensemble.

bidet, qui souvent, en raison des contraintes spatiales, devra être éliminé. En plus de mesurer la pièce, il convient d'en faire un croquis montrant l'éventuelle répartition des différents éléments afin de trouver la solution la plus pratique et la mieux adaptée aux goûts et aux nécessités de chacun. Il est de même nécessaire de tenir compte du sens d'ouverture des portes et de la dimension et l'emplacement des fenêtres pour faciliter les déplacements à l'intérieur, puisque, une fois que les éléments auront été reliés à la tuyauterie et installés définitive-

ment, il sera assez peu pratique et onéreux de les changer de place.

Chaque sanitaire, étant donné l'usage qui en sera fait, nécessite un espace minimum pour pouvoir être utilisé de façon pratique. Etant donné sa forme rectangulaire, la solution la plus pratique et qui utilise au mieux l'espace est de placer la baignoire contre le mur et de l'encastrer au fond de la pièce, en tirant parti de ses angles, ou bien de la placer au centre afin d'installer un placard de chaque côté, ou, si l'on ne dispose pas de tant d'espace, on peut la placer dans un angle, en utilisant l'espace restant sur le côté opposé pour y installer un placard ou une étagère qui servira à poser des objets utiles (gel, éponge, etc.) ou décoratifs (plantes, fleurs, etc.).

Si la salle de bains n'est pas très grande, la baignoire peut servir de douche, et on peut même en installer une plus petite ou la remplacer par une baignoire sabot, en compensant ainsi ses faibles dimensions par une plus grande profondeur. Une possibilité de grand effet, mais qui exige de disposer d'une vaste pièce, est d'installer la baignoire, préférablement ronde ou ovale, au centre de la pièce, à la manière d'un jacuzzi. Dans tous les cas, il faudra laisser un espace libre pour pouvoir entrer et sortir facilement ; cet espace devra résister aux éclaboussures, pour éviter qu'en peu de temps l'humidité n'abîme tout.

Il ne fait aucun doute que le lavabo est l'élément le plus décoratif, car aspect fonctionnel et aspect esthétique vont de pair. En ce qui concerne l'organisation

▷ Détail d'une douche aux murs recouverts de carreaux. La cloison qui se termine par un rebord en forme de tablette, n'atteint pas le plafond pour favoriser la sensation d'espace et, au passage, montrer la finition sobre et élégante. Un bon exemple, sans doute, de grande simplicité.

spatiale du lavabo, il est indispensable que l'espace attenant soit suffisamment vaste pour qu'il soit possible de se déplacer facilement (par exemple, en nous baissant pour nous laver le visage, nous nous cognons contre un meuble ou nous heurtons à quelque accessoire). Un grand miroir au-dessus des sanitaires sera très utile aussi bien pour faciliter la toilette que pour agrandir l'espace.

Les toilettes seront toujours scellées au mur et il faudra seulement songer à laisser tout autour un espace suffisant pour pouvoir les utiliser facilement. Si

◁ Austérité des lignes, sobriété de l'ensemble et grande unité des éléments convertissent cette zone de la salle de bains en un petit recoin discret et fonctionnel.

▷ Suivant une mode qui chaque jour a de plus en plus d'adeptes, surtout pour les salles de bains, la tendance à utiliser des accessoires anciens rencontre un tel succès que de nombreux fabricants récupèrent pour leurs nouvelles créations des modèles et des schémas abandonnés depuis des années parce qu'obsolètes. Tout cela est intéressant pour obtenir une intégration parfaite des éléments dans l'ensemble où ils se trouvent.

l'on a inclus un bidet, qui doit
être le plus près possible des toilettes, il faudra aussi faire en
sorte qu'il soit dégagé pour faciliter son utilisation.

Si la pièce dont on dispose
pour la salle de bains est rectangulaire mais un peu étroite, la
répartition la plus logique sera de
mettre la baignoire au fond,
parallèle au mur, et parfaitement
encastrée, et le reste des sanitaires adossés à l'un des murs
latéraux.

Si elle est carrée, l'organisation
est plus simple, puisque l'on
peut utiliser un des murs pour la
douche et/ou la baignoire et disposer les autres éléments suivant
un critère fonctionnel et esthétique.

Si la pièce est en forme de L,
ou a quelque angle ou coin en
retrait du reste de la pièce, il
convient de tirer parti de cet
espace pour installer les toilettes,
par conséquent, le reste de la
pièce restera disponible pour
placer les autres éléments :
baignoire ou douche, lavabo et
bidet, avec placard ou banquette
ou tabouret, si l'espace le
permet.

▲ Quand il s'agit d'un petit lavabo d'appoint, on peut recourir à de nombreuses solutions pour allier
l'esthétique à la pratique dans un même espace. Dans une maison moderne divers éléments légers,
colorés et minimalistes conviennent. La cuvette en acier inoxydable encastrée dans le dessus
synthétique rouge et le petit détail d'une simple fleur blanche évoquent une ambiance Japonaise.

Fonction des escaliers

Il y a encore quelques années, on considérait toujours l'escalier uniquement comme le moyen qui permettait d'accéder aux niveaux inférieurs ou supérieurs, et sa décoration se limitait à une simple couche de peinture. Mais les tendances modernes ont révolutionné ce concept et lui ont donné un rôle beaucoup plus actif. Il est évident que l'escalier est un élément doté d'une fonction bien détermi-

Ici l'escalier s'intègre dans l'ensemble car on a cherché à faire en sorte que son style et ses matériaux soient suffisamment discrets pour laisser la primauté à la pierre qui domine la décoration intérieure. En contraste avec l'ancien, on a conçu une petite rampe et une tablette d'appui en fer de conception moderne.

née, mais il ne faut pas dédaigner ses possibilités esthétiques, ni les petits espaces qui se créent tout autour.

D'un point de vue décoratif, les escaliers offrent un double avantage : ils sont en eux-mêmes un élément décoratif, et interviennent alors la structure, les couleurs et les matériaux ; ils font en outre partie intégrante d'une pièce, généralement le vestibule ou un salon.

Il existe donc diverses possibilités : on peut utiliser les marches, si elles sont larges, pour exposer quelque objet artistique ou simplement quelques plantes ; si l'escalier comporte un palier intermédiaire, ce dernier peut être laissé tel quel, sans ajouts. Une bonne solution est

d'y mettre une petite table, ou même une chaise, une plante, une sculpture, un lampadaire ou une suspension décorative qui, placée dans le coin, ne gênera pas le passage.

La partie la plus basse de l'escalier, c'est-à-dire son point de départ, peut être aussi utilisée à des fins décoratives, et l'on peut choisir d'y placer quelque ornement qui attire le regard ou faire les deux ou trois premières marches plus larges ce qui mettra l'escalier en relief et permettra de créer un effet esthétique simple et inattendu.

Puisqu'il forme partie intégrante d'une pièce, il faudra adapter ses matériaux et couleurs à ceux du reste de la pièce afin qu'il devienne un

Quand une demeure s'étage sur différents niveaux, l'escalier forcément a beaucoup d'importance, car il se contemple de tous les angles. Dans ce cas, il convient de lui donner l'importance qui lui est due et l'utiliser à des fins décoratives en le convertissant en sculpture. Ici la lampe contribue à renforcer l'effet décoratif.

Sur cette partie de l'escalier, on peut constater que matériaux modernes et espaces anciens et rustiques peuvent se conjuguer avec bonheur. La tablette métallique perforée se marie merveilleusement bien avec la pierre du mur.

◀ Dans des pièces où il est important de ne pas rompre le lien visuel avec les autres espaces et où, de plus, on cherche le meilleur moyen de tirer parti de toute la lumière, il est absolument recommandé de faire des escaliers sans contremarche.

▼ L'un des rôles de l'escalier est de séparer les diverses zones d'une même pièce. Deux ou trois marches suffiront pour bien montrer où commence la cuisine et où se termine le salon.

▲ Cette image montre clairement que les escaliers ne servent pas seulement à monter et descendre, mais contribuent aussi à faire de toute bonne décoration intérieure une réussite esthétique. Ici le contraste entre l'escalier principal, majestueux, impressionnant et massif et l'escalier en colimaçon peu conventionnel, que l'on voit au fond, est l'intérêt principal de la décoration de cette zone d'accès.

▶ *Etant donné que, de façon générale, les escaliers sont placés de telle sorte que l'on peut rarement tirer parti de l'espace situé au-dessous, si ce n'est pour y installer de petits objets décoratifs tels que porte-parapluie, lampe, pot de fleurs, etc., il convient de ne pas oublier que, s'ils sont placés de façon que l'espace perdu puisse être utilisé pour créer un «recoin», ils peuvent devenir un excellent élément de séparation.*

élément esthétique de plus, dont les lignes s'harmonisent avec l'ensemble.

Un des problèmes les plus épineux de la décoration des escaliers est l'utilisation de l'espace formé au-dessous. Parfois, l'unique possibilité sera de placer quelque ornement, mais on ne doit pas négliger le rôle fonctionnel ou d'espace de rangement que peut avoir ce lieu. On peut y mettre une petite table pour le téléphone, on peut aussi installer des étagères et des meubles à tiroirs ou fermer tout le vide et le convertir en un rangement pratique.

Si l'espace est suffisamment vaste, on peut créer un petit bureau en utilisant un paravent pour le séparer du reste de la pièce ou on peut même envisager d'y installer un petit cabinet de toilette.

Toujours dans le but pratique d'utiliser l'espace au maximum, et au moment de décider du type d'escalier que l'on va installer, il sera bon de se rappeler qu'un escalier en colimaçon, en plus d'offrir des possibilités décoratives plus variées et attrayantes, occupera toujours moins d'espace qu'un escalier conventionnel.

Enfin, la question de la sécurité, car il est vrai que les escaliers comportent toujours un certain danger, surtout si dans la maison vivent des enfants ou des personnes âgées. Avant tout, il sera indispensable de doter l'escalier d'un bon éclairage, régulier, sans reflets et dirigé vers le bas. De plus il sera fort utile, pour prévenir les risques, de munir l'escalier d'une rampe pratique et d'installer des interrupteurs aussi bien en haut qu'en bas.

▶ *Dans des maisons qui s'étagent sur différents niveaux, surtout s'il s'agit d'escaliers rustiques, le meilleur choix décoratif est de traiter les marches avec le même matériau que le reste du sol.*

Éviter l'encombrement

De plus en plus, on considère que les couloirs sont des lieux entièrement secondaires et esthétiquement marginaux. Cela est probablement dû à leur fonction, bien qu'on en fasse un usage quotidien et permanent quoique bref et ponctuel. Par conséquent, sans songer aux multiples possibilités qu'ils offrent, on les condamne irrémédiablement à la froideur de leur fonction principale, relier les parties intérieures de la maison.

Pour des motifs économiques, en raison de leurs formes étroites et allongées, ou en raison de la difficulté que peut présenter parfois une solution esthétiquement satisfaisante, cet espace intermédiaire, ce lieu de passage obligatoire, est souvent laissé de côté et fréquemment oublié dans

▶ Les lieux de passage peuvent être décorés seulement si les couleurs sont bien appliquées et si l'on sait jouer avec les matériaux. En supposant qu'ils soient spacieux, l'idéal est de les remplir de placards et, s'ils sont étroits, il faudra les laisser libres.

◀ Voici l'un des cas où, étant donné que la zone de passage n'est pas trop large, on a adopté la solution de ne pas y mettre de meubles. Pour raccourcir la distance, on a placé un rideau au milieu du couloir.

la décoration intérieure. C'est une grave erreur que l'on commet régulièrement et qui peut priver la demeure d'un attrait supplémentaire, de plus, étant donné la fréquence d'utilisation du lieu, il s'agit d'une opération très rentable.

Compte tenu de l'espace restreint disponible dans les maisons actuelles, il est intéressant d'envisager, dans l'organisation du logis, de faire du couloir un lieu fonctionnel. Certains théoriciens de la décoration intérieure considèrent même démodée et ennemie du repos la coutume de ranger les vêtements dans la chambre, c'est pourquoi ils conseillent de convertir une partie du couloir en vestiaire.

▶ Voici un couloir en L, pour lequel on a adopté diverses solutions, toutes très intéressantes. Avant tout, la porte vitrée à l'anglaise qui laisse passer la lumière. Puis, le choix des couleurs chaudes particulièrement réussi. Enfin, ne pas hésiter à décorer les murs de tableaux car ils ne prennent pas de place et donnent du caractère au logis.

◄ *On peut aussi tirer parti d'un couloir, à condition qu'il soit assez large, pour placer des meubles-commodes propres aux vestibules ou aux lieux de passage. Ici, aussi bien le canapé que le meuble du fond remplissent une double fonction, celles de décorer le couloir et d'être très pratiques.*

Parfois cela peut sembler excessif, mais, partant de ce principe, on peut envisager de construire de faux plafonds où l'on pourra entreposer par rotation les vêtements qui ne sont plus de saison. Des étagères en bois qui servent à exposer divers objets décoratifs ou une collection (petites bouteilles, figures d'animaux, objets d'artisanat ou différentes plantes) peuvent constituer une alternative qui occupe tout l'espace mais produit un effet hautement esthétique. Si le passage est rendu difficile ou devient une zone très chargée d'objets et désagréable à l'œil, il est bon de placer dans le couloir quelque petit meuble ou même une bibliothèque peu profonde.

Il est certain que dans certains cas les couloirs sont trop étroits. Alors il faudra sacrifier l'aspect fonctionnel et se préoccuper d'apporter gaieté et personnalité à cette partie de la maison en prenant quelques mesures qui peuvent aider à résoudre le problème :

• Un système bien pensé d'éclairage artificiel peut

▲ *La simplicité est toujours un pari sûr. Il est plus facile de se tromper si l'on décore à l'excès que si l'on reste sobre. Ici quelques simples appliques murales en raphia et le magnifique ton bleu ciel dont on a peint le couloir ont suffi à compléter la décoration générale.*

donner des résultats heureux et surprenants.

• Placer de grands miroirs dans des endroits stratégiques peut augmenter l'impression d'espace.

• Une option très intéressante pour les amateurs d'art est de convertir cette zone en petite pinacothèque. Quelques petites lampes dirigées vers les tableaux créeront une ambiance de galerie d'art miniature. Si vous optez pour cette solution, il faudra exercer votre sens de la mesure. Quelques tableaux d'où émanent luminosité et gaieté, s'ils sont bien placés, seront toujours préférables à une grande quantité d'œuvres picturales placées sans rime ni raison, dans un désordre bigarré,

▲ *Les bois décapés et blanchis sont très à la mode et mettent en valeur la beauté des portes. Les pigments naturels, ici verts et chauds, qui ont servi à peindre cet appartement, sont une authentique réussite décorative de par le caractère qu'ils parviennent à conférer à l'ensemble.*

comme si le but recherché était de recouvrir entièrement la surface du mur. La sensation de désordre et d'étouffement est toujours un aspect à éviter à tout prix.

• Le revêtement de sol peut faire paraître le couloir plus large ou plus court si l'on choisit un motif qui combine rayures transversales et carreaux.

• Si l'on utilise aussi des couleurs claires pour les murs et si l'on peint le mobilier de même ton, l'espace sera moins restreint.

• Un éclairage adéquat doit être général et venir du plafond, mais une source de lumière située près du sol créera des effets surprenants. Si les lampes sont jolies et originales elles aideront à personnaliser un endroit habituellement dépourvu de couleur et de gaieté.

• Une chaise de style ou quelques plantes hautes au bout ou dans un recoin humide du couloir le plus petit suffiront à changer son aspect.

Avant de décorer le couloir, contemplez-le un bon moment et, avec calme, laisser aller votre imagination, sans avoir peur d'envisager des possibilités qui à première vue peuvent vous paraître irréalisables ou absurdes. Ne vous inquiétez pas, si vous essayez cette possibilité, il est certain que vous serez surpris de ce que vous pourrez apporter de vous-même à cette pièce. Et vous pourrez constater comme toujours qu'il y a une solution, et que ce lieu ne doit jamais être délaissé.

Décorer les murs

◀ *La peinture en trompe-l'œil sur les murs donne de la profondeur à la pièce et crée avec les meubles d'occasion décapés une ambiance néoclassique.*

En tant que partie intégrante de la structure architecturale et aussi comme éléments de l'espace d'une pièce, les murs sont très utilisés grâce à leurs grandes possibilités fonctionnelles : on peut y appuyer des meubles, y mettre des étagères ou des bibliothèques, y adosser des armoires, y fixer des lampes ou des appliques, etc. Les décorer ne constitue jamais une tâche compliquée car cela peut se faire en utilisant des techniques variées, ainsi il n'est pas difficile de rénover une peinture ou de changer un papier peint, et leur choix dépend des goûts et des nécessités de chacun.

Ce n'est pas non plus un pro-blème de les recouvrir de crépi ou de stuc. Cependant, il est intéressant et presque indispensable, d'utiliser les murs comme supports. On y fixera de beaux objets : tableaux, miroirs, objets de collection ou photographies, à des fins purement décoratives. A ce sujet, il faut se rappeler que l'équilibre et la proportion des formes, ainsi que la symétrie et l'équilibre des volumes, sont des notions qu'il faut observer au moment de décorer les murs.

▶ *L'harmonie des tons, identiques mais appliqués selon des techniques différentes, ainsi que la frise dessinée sur le mur donnent à cette petite salle de bains un aspect provençal.*

Ainsi, par exemple, si dans un ensemble d'éléments il y en a un de taille considérable, il devra être compensé par un autre (ou par un groupe d'éléments plus petits formant un ensemble) aux proportions semblables car, sinon, les plus grands éclipseront les plus petits et créeront un déséquilibre.

Exposer un ensemble de pièces de taille semblable est toujours très décoratif. Si les objets ne présentent aucune relation conventionnelle, ils peuvent se grouper par couleur ou par texture. Souvent, une jolie pièce est ennuyeuse car il lui manque l'étincelle que pourraient produire des détails ornementaux imaginatifs. Voici quelques idées qui peuvent aider à résoudre ce problème :

Tableaux. Il ne fait aucun doute qu'un tableau est un élé-ment hautement décoratif. Mais au moment de l'installer, il faut se rappeler quelques préceptes :

▶ *Le faux stuc vénitien, teinté de bleu, s'accorde avec les tons de la table de fer ornée de motifs floraux blancs, et le revêtement de sol carrelé.*

- On ne place pas n'importe quel tableau dans n'importe quelle pièce ou sur n'importe quel mur. Le thème du tableau et sa gamme chromatique sont des éléments à prendre en compte au moment de choisir sa place dans la demeure.

- Il n'est guère conseillé de placer des tableaux de petite taille, isolés les uns des autres, sur de grands murs.

- Un grand tableau, s'il est seul, ne doit pas avoir des dimen-sions supérieures à celles des meubles qui se trouvent en dessous.

- Pour pallier le déséquilibre que pourrait provoquer une toile de grandes dimensions, on peut accrocher sur un autre mur un groupe de petits tableaux, ou bien placer sur l'un des côtés quelques objets décoratifs (plante, lampe ou sculpture) pour rétablir l'équilibre.

- Les tableaux doivent se placer

▲ *Un recoin organisé autour d'un thème pictural présente un mélange de fleurs, toiles, tissus et vases, ce qui lui confère individualité et romantisme.*

◄ *Cette peinture décorative, réalisée en deux tons et appliquée à la spatule suffit à créer l'atmosphère.*

à la hauteur des yeux d'une personne assise ou debout, et s'ils forment un ensemble, la partie centrale de la collection devra se situer à cette hauteur.

• Un tableau ne doit jamais être fixé au mur par un seul clou.

• Sur un mur clair un cadre de couleur noire permettra toujours de souligner la présence du tableau.

Ensemble d'objets. Il existe des objets (artisanat, petits ustensiles anciens, etc.) qui, placés en groupe, peuvent constituer un élément décoratif de premier ordre. Mais la disposition de ces objets peut aussi s'effectuer selon des critères déterminés. Ainsi :

• Les objets choisis pour constituer ensemble un élément décoratif doivent avoir quelque rapport, ou quelque lien entre eux.

• Une collection d'objets placés verticalement donnera de la hauteur à la pièce, de même, s'ils sont disposés horizontalement, ils l'élargiront.

• Pièces de collection, photographies ou estampes ne doivent pas détonner dans l'ensemble et, de plus, doivent s'harmoniser entre elles.

• Il est déconseillé d'associer des objets de grandes dimensions à d'autres plus petits, sous peine de rompre l'équilibre esthétique et de déséquilibrer la répartition des volumes.

• La cohérence peut s'effectuer aussi bien à travers les dimensions qu'à travers les couleurs, les formes et même les thèmes des motifs picturaux.

• La répétition des thèmes offre de nombreuses possibilités et permet de regrouper différentes tailles, couleurs et styles. Ainsi, par exemple, dans l'espace laissé libre des deux côtés d'une fenêtre, on peut suspendre une collection de photographies, des cartes postales ou des affiches anciennes qui traitent le même thème. On peut aussi suspendre au mur un groupe de gravures différentes qui acquerront de la cohérence si on les encadre de couleurs et de matériaux en harmonie.

• Une disposition asymétrique bien étudiée de ce type d'objets ainsi que des tableaux accroît le caractère et la personnalité de l'ensemble.

Paravents. Bien que leur fonction principale soit de servir de séparation entre deux espaces d'une même pièce, on peut les utiliser utilement et de manière inhabituelle pour décorer un mur. Pour ce faire, deux options s'offrent à nous :

• Les revêtir d'un tissu assorti aux murs de la pièce.

• Les utiliser comme support pour y suspendre des photographies ou tout autre élément décoratif. Surtout dans des maisons peu conventionnelles, cette solution peut créer un effet esthétique très dynamique.

Miroirs. Il faut à tout prix mentionner les miroirs qui contribuent à agrandir l'espace quel que soit le lieu où ils se trouvent. Comme pratiquement toute les pièces d'une maison, à l'exception peut-être de la cuisine, peuvent disposer d'un miroir, les tendances décoratives actuelles ont logiquement cherché la manière de tirer parti des possibilités esthétiques et non seulement strictement fonctionnelles de cet élément.

- Une règle de base consiste à situer toujours les miroirs sur les pans de mur les plus étroits ou dans les recoins pour pallier ce défaut par l'effet optique de profondeur qu'ils produisent.

- Si l'on décide de couvrir un mur entier de miroirs, on parviendra à multiplier visuellement l'espace et à augmenter la luminosité, mais il faudra se rappeler que si ce mur se trouve face à la fenêtre il peut produire des reflets désagréables.

- Si l'on ne désire pas suspendre de miroir au mur, il existe sur le marché une vaste gamme de miroirs en pied, qui seront sans doute plus utiles dans des pièces comme la salle de bains, l'antichambre ou le vestibule. Il ne faut pas oublier la tendance qui consiste à récupérer, toujours avec bonheur, des bibelots et objets anciens pour décorer n'importe quel type d'intérieur. Ainsi, il n'est pas difficile de trouver, à bon marché, de grands miroirs du XIXe siècle qui confèrent beaucoup de caractère et d'allure aux chambres ou aux salons.

Posters. C'est en principe un choix destiné aux chambres d'enfants. Leurs possibilités décoratives sont considérables car ils sont peu conventionnels, attrayants et introduisent un certain air de liberté. Voici ici quelques réflexions intéressantes :

- Il ne faut pas oublier qu'il existe de nombreuses affiches d'expositions ou de reproductions sur papier d'œuvres d'art qui, dûment encadrées, peuvent décorer de manière satisfaisante jusqu'au salon le plus austère.

- Sur les murs des pièces des plus jeunes dominent habituellement les couleurs gaies et voyantes, c'est pourquoi il conviendra d'encadrer les posters (de façon conventionnelle, ou en les recouvrant d'un verre ou d'un morceau de plastique

Le contraste entre tons froids et chauds, comme le vert pistache et le rouge, agrandit l'espace et fait ressortir les volumes architecturaux.

transparent pour que les bords ne s'abîment pas) de tons noirs qui s'harmonisent ou contrastent avec les murs afin qu'ils s'en détachent suffisamment.

- Quels que soient les posters, ils sont, en règle générale, de grandes dimensions, et il conviendra de bien calculer la quantité qui sera utilisée dans une pièce, pour qu'un nombre excessif ne nuise pas à l'équilibre décoratif de l'ensemble.

Tapisseries et moquettes. Il s'agit d'objets décoratifs singuliers qui demandent que l'on choisisse soigneusement le mur où elles vont être accrochées.

- Elles s'accordent mieux à des styles décoratifs somptueux, chargés d'ornements qui cherchent à recréer la grandeur du passé.

- De grandes tapisseries suspendues à une barre comme des rideaux, un châle, un foulard ancien et même un joli tapis artisanal doivent se tendre et se fixer au mur tout en laissant suffisamment d'espace libre pour décorer agréablement la pièce.

- Elles ne doivent jamais être proches d'une source d'éclairage ou éclairées par des lampes trop puissantes, car elles pourraient s'abîmer.

- Il faut également faire attention au soleil qui lui aussi pourrait leur faire perdre leur coloris.

- Recouvrir murs et sols de la même moquette est un procédé qui rend une pièce accueillante et produit toujours une impression de confort et de bien-être. Mais dans ce cas il faudra bien étudier la tonalité de la couleur choisie, pour éviter de transformer la chambre en un lieu étouffant comme une cage.

Un seul mur de couleur dans une pièce, surtout à la tête du lit donne de la profondeur et décore la chambre.

Contrôler l'éclairage naturel

▲ *Dans les pièces où les fenêtres ne sont pas très grandes, ou sont orientées au nord ou bien donnent sur un patio intérieur, il est conseillé de se limiter à habiller la fenêtre d'un simple rideau blanc, qui arrête les regards et préserve l'intimité, tout en ne nuisant pas à la luminosité.*

S'il existe un facteur qui doit l'emporter sur tous les autres au moment de choisir la future demeure, c'est sans doute le soleil, l'éclairage naturel. Un appartement très joli et bien décoré mais insuffisamment éclairé par la lumière du soleil semblera inévitablement triste et lugubre. Tandis que d'un foyer humblement meublé, mais bénéficiant d'un bon éclairage, émanera sans nul doute gaieté et optimisme.

Dans toutes les demeures c'est le soleil qui fournit l'éclairage naturel, qui entre dans la maison à travers les diverses ouvertures : fenêtres normales, baies vitrées ou portes vitrées.

L'idéal est que la lumière éclaire suffisamment toutes les pièces de la maison de façon qu'une source lumineuse supplémentaire ne soit pas nécessaire. Ce type d'éclairage, qui économise de l'énergie, donne en outre aux pièces un aspect beaucoup plus naturel, plus gai et animé que la

▶ *Les rideaux et les fenêtres transparents sont d'énormes alliés de la décoration. En s'en servant pour jouer avec la lumière, on peut obtenir des effets théâtraux, sophistiqués et spéciaux, d'un grand effet.*

lumière électrique. Dans ce domaine, les décorateurs ou les occupants de la maison ne peuvent guère agir car il appartient à l'architecte de prévoir l'entrée de la lumière naturelle.

Cependant, au moment de faire le choix d'une demeure, il importe de songer au problème car la lumière joue un grand rôle dans la décoration intérieure, par conséquent son intensité plus ou moins grande modifiera les effets esthétiques produits par les tonalités, les couleurs et les textures. C'est pourquoi il est préférable de préférer un appartement peut-être moins beau mais plus clair et ensoleillé, à un autre dont les pièces sont mieux réparties, mais rendu lugubre par manque d'éclairage naturel.

La volonté de contrôler la lumière solaire et de l'adapter aux besoins et aux préférences esthétiques des occupants des diverses demeures a amené les décorateurs à s'efforcer de développer une série d'options variées adaptées un type d'éclairage très changeant en intensité et orientation, par exemple selon l'heure du jour ou la saison.

Chaque ouverture de la maison offre de multiples façons d'utiliser la lumière, et peut de plus, ne l'oublions pas, créer des effets ornementaux. Pour le prouver, il suffira d'un exemple : si l'on prend le cas d'une porte ordi-

◀ *Actuellement, il existe une quantité d'usines textiles qui produisent une vaste gamme de rideaux qui tamisent la lumière et s'adaptent à une infinité de styles décoratifs. Il est important d'installer des rideaux qui tamisent la lumière sans se priver de la vue sur le jardin ou le paysage.*

◄ Les rideaux classiques froncés et montés à l'ancienne seront toujours prisés car ils sont d'une grande élégance et fort décoratifs. Ils sont en soie, simplement montés sur ruban fronceur et attachés par un cordon.

▼ La salle à manger est en elle-même une pièce somptueuse qui requiert un décor légèrement baroque et de nombreux tissus et revêtements. Dans ce cas précis, il est évident que tout le poids de la décoration repose sur les tissus de soie qui recouvrent les murs et revêtent aussi la table.

naire à un seul battant de bois, on verra que, lorsqu'elle est ouverte, elle permet le passage des personnes mais laisse aussi entrer le vent, la pluie ou la lumière. Quand elle est fermée, elle ne laisse plus entrer les éléments, et sa contribution à l'ensemble décoratif sera fonction de sa forme, du matériau utilisé, de ses couleurs et de sa finition. Cependant, si on la remplace par une porte vitrée, celle-ci remplira, ouverte, les mêmes fonctions, mais une fois fermée elle continuera à laisser entrer la lumière, ce qui, sans nul doute, modifiera les caractéristiques esthétiques de la pièce, car la puissance de l'éclairage naturel change l'éclat et la luminosité des couleurs et des textures.

Selon la pièce où se trouve l'ouverture, et ses caractéristiques, on peut varier l'habillage : grilles de défense, marquises, persiennes de toutes sortes, rideaux qui abritent des regards indiscrets, agrandissent ou réduisent les espaces et tamisent la lumière du jour qui crée parfois des reflets gênants.

Mais, en même temps, ce sont des éléments très décoratifs car ils habillent les fenêtres et ajoutent une touche de couleur, de vivacité, de chaleur et d'originalité à la pièce.

Chaque partie de la maison devra être traitée différemment ; ainsi dans la salle à manger et dans le salon, lieux qui reçoivent habituellement le plus de lumière naturelle, il convient d'installer des rideaux d'une certaine épaisseur, qui permettent, lorsque l'on veut regarder la télévision, par exemple, d'éliminer complètement les reflets gênants. Pour les chambres d'enfants, des rideaux plus légers seront peut-être préférables car, une fois tirés, ils laisseront largement pénétrer la lumière. Cette pièce s'utilise habituellement en fin d'après-midi, quand la lumière n'est plus aussi intense. Grâce à ce type de voilage, on atteindra un double objectif : préserver l'intimité mais aussi conserver un bon éclairage.

Les rideaux semblent préférables aussi bien dans les salles de bains que dans les cuisines en raison de leur extrême transparence, car il est bien connu que ces pièces sont généralement les moins éclairées de la maison.

Une excellente idée, actuellement très en vogue, est d'installer sur une même fenêtre rideaux et stores. De cette manière, quand on aura besoin d'un éclairage naturel intensif, on tirera en grand le rideau, tandis que le store protégera des regards extérieurs. Au milieu de l'après-midi, on peut laisser les rideaux ouverts, ce qui donnera tout de suite une nouvelle apparence à la pièce. Il faut rappeler à ce propos que les tons clairs agrandissent l'espace tandis que les tons sombres, peu recommandés pour des pièces trop petites, le rétrécissent.

Persiennes, volets et stores permettent de régler aisément l'intensité de l'éclairage mais aussi de se protéger de la chaleur et des regards indiscrets. Il est vrai qu'ils sont plus sobres et moins décoratifs que les rideaux, mais, en revanche, ils sont très pratiques. Ces derniers conviennent mieux aux pièces peu éclairées, aux fenêtres étroites car ils laissent entrer à flots la lumière du soleil et dissipent la pénombre.

Les qualités esthétiques des stores sont moindres, mais ils s'avèrent utiles dans les pièces qui, en été, subissent intensément les assauts du soleil. De même, les persiennes coulissantes extérieures ne contribuent guère à embellir la demeure mais offrent la possibilité, grâce à l'écartement graduel de leurs lames, de contrôler les reflets lumineux, ce qui ne manque pas de modifier le décor.

Les volets ou contrevents extérieurs sont du meilleur effet dans les demeures de style rustique, mais ne permettent pas de modifier l'éclairage, car ils peuvent seulement s'ouvrir ou se fermer. Les plus modernes, cependant, sont faits de petites lames orientables qui laissent entrer l'air frais et filtrent partiellement la lumière.

Les persiennes traditionnelles et anciennes à enrouler jouissent encore d'un grand prestige, en raison surtout de leur simplicité et de leur coût peu élevé. De nos jours, elles se fabriquent avec des matériaux modernes et le tamisage de la lumière à travers leurs fines lames est de grande qualité alors que d'autres types de persiennes ne permettent pas d'obtenir un éclairage aussi délicat. En revanche, elles pro-

tègent peu du vent et leur système de fermeture est particulièrement vulnérable.

Ainsi, les volets roulants, tellement communs sur les baies vitrées des salles à manger ou sur les fenêtres des pièces qui donnent sur un balcon, sont préférables car ils garantissent une protection totale, renforcée au besoin par un verrou. Ces persiennes permettent de contrôler aisément l'éclairage, baissées, elles plongent la pièce dans la pénombre, puis laissent peu à peu filtrer la lumière à travers les fentes qui séparent leurs lames, jusqu'à s'ouvrir en grand, et disparaître complètement dans leur coffre.

Les stores vénitiens intérieurs

▲ Dans les appartements modernes, les lourds rideaux ne sont guère de mise et ne seraient pas du meilleur effet. L'idéal est de trouver un moyen peu conventionnel et facile d'installer les rideaux. Les tringles métalliques sont celles qui, d'ordinaire, conviennent le mieux et les rideaux doivent être simples et vaporeux. Sur l'illustration, ils sont en plumetis.

offrent les mêmes avantages grâce à leurs lames réglables, mais, leurs motifs modernes et leurs couleurs chaudes en font des éléments très décoratifs qui égaieront n'importe quelle demeure. En général, sur une grande fenêtre, on obtiendra de meilleurs résultats en installant plusieurs persiennes, de même style mais indépendantes, au lieu d'une seule qui occupe toute la largeur. De plus ce procédé permettra de mieux contrôler les jeux de l'ombre et de la lumière

dans la pièce puisque l'on pourra en relever certaines tout en laissant les autres baissées.

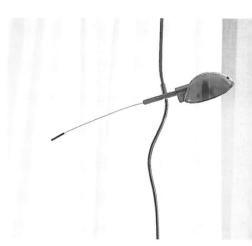

▲ Pour qu'ils soient élégants et décoratifs, les rideaux doivent être très froncés. En réalité ils doivent toujours être trois fois plus larges que l'ouverture. Les rayures verticales affinent et allègent.

◄ Dans les cuisines, la présence de rideaux n'est pas souhaitable car, pour des raisons évidentes ils se salissent facilement. On peut aussi installer des persiennes à lames étroites qui permettent de doser l'éclairage naturel, car elles sont orientables.

Organiser l'espace

Parmi les pièces d'une demeure, la cuisine est sans doute la plus fréquentée et la plus malmenée. C'est aussi celle qui contient la plus grande quantité et la plus grande variété d'objets et d'appareils électroménagers et, par conséquent, celle qui nécessite les travaux les plus fréquents et les plus coûteux.

Si dans la décoration de n'importe quelle pièce l'aménagement de l'espace joue un rôle important, ce sera d'autant plus vrai pour la cuisine.

De la réussite ou de l'échec de cet aménagement dépendront le confort de l'utilisateur, sa liberté de mouvement, ainsi que la sensation d'espace ; c'est aussi ce qui fera que la cuisine et les élé-

◄ *Pour maintenir l'ordre il est important que les meubles de rangement soient bien conçus et que dans la maison il y ait une place pour chaque chose. Dans la cuisine, les armoires fermées par des moustiquaires sont très décoratives.*

▲ *Il faut songer à l'aménagement de l'espace dès la conception, car, une fois les travaux effectués, il est difficile de rectifier les erreurs. Ici nous voyons un exemple d'aménagement réussi car cuisine et salle à manger communiquent tout naturellement entre elles.*

▶ *Réussir l'aménagement de la salle de bains est essentiel pour que par la suite elle s'utilise avec commodité. De toutes façons, l'emplacement fixe des canalisations d'eau crée certaines contraintes. Le confort de cette salle de bains, déjà bien aménagée au départ, a été accru par le traitement que l'on a fait subir aux murs.*

▼ *Quand la salle de bains n'est pas trop grande, on peut recourir à diverses astuces décoratives pour agrandir l'espace ; un procédé consiste à recouvrir uniformément murs et sol de carreaux de faïence, un autre utilise un jeu de miroirs. Pour dissimuler le radiateur, on l'a peint de la même couleur que les carreaux.*

▲ *Dans les rares occasions où il est nécessaire d'installer plus d'un WC dans une même salle de bains, on doit toujours faire en sorte qu'ils soient isolés le plus possible l'un de l'autre et séparés par une cloison ou un mur.*

ments qui la composent soient ou non fonctionnels.

On peut affirmer, en risquant peu de se tromper que, au fil des années, dans les demeures habitées depuis déjà un certain temps, l'aménagement de presque toutes les cuisines a subi des modifications, et certains éléments ont été remplacés par d'autres. Les raisons de ces changements, bien que diverses, sont faciles à imaginer : la technique découvre sans cesse de nouveaux matériaux qui s'adaptent mieux aux travaux réalisés dans cette pièce, de plus, avec les années, les appareils électroménagers vieillissent car on élabore d'autres modèles plus fonctionnels, plus esthétiques et de plus en plus performants, qui

▶ *Chaque fois que cela est possible et à condition que la salle de bains reçoive la lumière extérieure, on placera le lavabo près de la fenêtre, puisque c'est là que se trouve le miroir et où l'éclairage a le plus d'importance.*

contribuent au confort indispensable de la cuisine. Mais quels que soient le modèle ou le style choisi, les nouvelles tendances de la décoration, qui veulent faire de la cuisine une pièce agréable et confortable où peuvent se dérouler diverses activités familiales, visent avant tout à interpréter l'espace et en organiser au mieux l'aménagement afin d'en faire un lieu fonctionnel mais également pratique et accueillant.

La meilleure solution consiste peut-être à faire une cuisine en U, ce qui permet de disposer les appareils électroménagers et le mobilier de manière ininterrompue le long de trois des murs de la pièce. Pour cela, il vaut mieux sans doute disposer d'une cuisine spacieuse et rectangulaire car cette disposition exige un espace considérable (entre les éléments d'un mur et ceux du mur d'en face, il est conseillé de laisser un espace minimum d'un mètre et demi). Tout est à portée de main, et les déplacements le long du triangle de travail sont courts et aisés.

Il est préférable de placer la zone de l'évier et le plan de travail à la base du U, de façon qu'ils soient facilement accessibles depuis les deux autres côtés. Sur l'un des murs

peuvent se trouver les rangements, par exemple le réfrigérateur et quelques armoires hautes ou basses, et sur l'autre, la zone de cuisson avec placards et tiroirs pour les couverts, les casseroles et les poêles.

Si la cuisine est suffisamment grande et que l'on veuille y faire une petite salle à manger, on peut faire en sorte qu'un des côtés du U ne soit pas collé au mur mais laisse un espace libre que l'on aménagera. Il servira à séparer les deux zones et pourra aussi s'utiliser comme table pour le petit déjeuner ou les repas rapides.

Une variante de ce type d'aménagement est la cuisine en forme de L, qui suit les mêmes principes, mais utilise seulement deux murs de la pièce. C'est un agencement très pratique car elle permet à deux personnes de travailler à la fois et convient soit aux pièces vastes, soit aux pièces longues et étroites. Elle permet aussi la création d'une zone salle à manger, dont la table peut s'installer près du mur resté libre. Ici également, le côté le plus court peut servir à diviser différentes zones. Le meilleur emplacement pour le réfrigérateur est à proximité de l'angle que forment les deux côtés du L, et, si possible, sous la fenêtre.

▲ *On a placé au milieu d'une cuisine de forme irrégulière un comptoir semi-circulaire en acier inoxydable et marbre, transformé en bar, où l'on peut improviser petits déjeuners ou repas.*

▶ *Deux colonnes ferment et délimitent la zone de cuisson aux dimensions réduites. Sur l'une d'elles, on a installé un téléviseur portatif que l'on peut regarder du coin salle à manger. Le problème du rangement a été résolu en installant des meubles bas, à l'exception d'un petit placard.*

Espaces doubles

A battre des murs, supprimer des étages et créer des pièces sur deux niveaux est la meilleure façon de gagner de l'espace et de capter le maximum de lumière.

Dans la décoration moderne, les cloisons et les petites pièces étaient destinées à disparaître. La transparence, la lumière et l'espace sont les aspects les plus recherchés et appréciés dans l'aménagement intérieur de la maison. Cependant, les appartements ne remplissent pas tou-

► *Deux portes contiguës donnent sur des zones indépendantes et de structure identique, mais décorées de façon très différente. A gauche, un lavabo surmonté d'un miroir qui agrandit l'espace, et à droite une partie office équipé d'étagères qui servent à ranger toutes sortes d'objets.*

jours les conditions nécessaires, par conséquent, pour supprimer les barrières, on a décidé de créer des pièces qui remplissent plusieurs fonctions : cuisine-salle à manger, chambre avec salle de bains (baignoire et lavabo non dissimulés), appartement d'une seule pièce etc.

Une des possibilités les plus intéressantes qu'offre le marché quand on cherche un logement est d'acquérir un appartement ancien standard pour le transformer et en faire un logis confortable, lumineux et gai. Dans certains appartements, il est même possible de relier deux

► *Un vaste grenier a été aménagé en espace multifonction divisé en zone de repos et de travail. La décoration à base de blanc et de bleu apporte une grande luminosité à l'ensemble.*

◄ *Une partie de la maison fermée par des portes coulissantes découvre une chambre d'enfant avec un berceau de bois. L'espace a été aussi aménagé en salle de jeux pratique.*

étages par un escalier et créer sur deux niveaux un seul espace transparent. Cette solution possède toutes sortes d'avantages car elle apporte lumière et gaieté en des lieux qui n'en auraient jamais bénéficié en gardant leur structure d'origine, étriquée et incommode.

Toutes les illustrations et exemples donnés ici correspondent à des appartements neufs, conçus selon le critère du "moins c'est plus", c'est-à-dire qu'un petit nombre de pièces dégagées et polyvalentes est préférable à un grand nombre de petites pièces étroites. Nous montrons aussi des changements effectués dans des appartements rénovés. L'aménagement de tous ces appartements a été modifié pour qu'ils soient plus conformes au mode de vie actuel.

En effet, si nous considérons les changements qui se sont opérés au sein de la famille, et le coût élevé de quelques mètres carrés urbains rares et convoités, nous verrons qu'il fallait bien que se modifie la structure intérieure des habitations. Par exemple le vestibule, la salle à manger

▲ Une grande salle, longée par une véranda à travers laquelle on aperçoit le panorama, a été divisée en divers espaces indépendants, reliés entre eux, mais séparés par des stores vénitiens qui allègent visuellement l'espace. La salle à manger et le salon ont été séparés par une colonne. Le salon communique avec une autre pièce par une ouverture sur le rebord de laquelle on a disposé divers objets orientaux.

▶ Dans un studio de dimensions réduites, il est fondamental de savoir tirer profit de l'espace. Pour cela il faut créer des espaces à double usage. Sous la mezzanine, aménagée en chambre confortable, on a installé une petite cuisine et un joli lavabo en forme de cône. A l'une des extrémités de la pièce, à proximité des appareils électroménagers, se trouvent l'évier et le coin repas.

► *Une vaste chambre peut se convertir en une suite en y installant dans un coin, un lavabo et une douche indépendants. Une petite malle ornée de bouquets de mimosas sépare les deux zones. Le bleu pastel des murs et de la tête de lit en fer forgé apporte une touche de couleur.*

indépendante, les bureaux fermés… sont des pièces qui tendent à disparaître au profit de grands espaces transparents. De même, les pièces qui s'ouvrent les unes sur les autres sont fort à la mode, tout d'abord parce que les maisons sont plus petites et ensuite parce que les familles sont moins nombreuses et par conséquent préserver une certaine intimité n'est pas aussi nécessaire. Un autre motif de changement est la quasi disparition des domestiques. Puisqu'on ne doit plus cohabiter avec des personnes étrangères à la famille, il n'est pas non plus nécessaire de séparer totalement les pièces. Par exemple, si l'on prépare les repas en famille, sans plats élaborés et fritures qui sentent et enfument, la cuisine n'a plus besoin d'être isolée. A cela il faut ajouter les progrès techniques qui permettent d'évacuer odeurs et vapeurs aussi bien dans la cuisine que dans la salle de bains, on peut donc les relier sans problème à d'autres parties de la maison.

► *Dans une vaste chambre, on peut créer une petite zone de repos en y plaçant un canapé confortable et de petites tables. De l'autre côté de la cloison, un lavabo sur piédestal se détache sur le grès ocre, qui protège la zone des éclaboussures.*

Deux en un

▲ Intégrer la petite salle de bains à la chambre familiale élargit et ouvre l'espace. C'est une bonne solution décorative pour de petites pièces.

◄ Recourir à un mur vitré est idéal pour tirer parti de la lumière et donner une sensation d'ampleur.

▶ Dans un grand espace, si l'on associe zone de travail et chambre, l'ordre est important ainsi que la recherche d'éléments décoratifs pour lui donner du caractère. Un grand meuble à tiroirs sépare ici les deux pièces.

A l'imitation de la suite classique, qui regroupe dans une même pièce les services de la garde-robe, de la salle de bains et même de la chambre, on peut concevoir la salle de bains comme un salon de grandes dimensions, où plusieurs personnes peuvent, en même temps, effectuer les activités propres à cette pièce dans le confort et l'intimité, tout comme dans d'autres pièces de la maison. Il est évident que pour y parvenir, il est nécessaire de disposer d'une maison suffisamment grande, ce qui permettra que la chambre et la salle de bains principales puissent s'organiser non comme deux pièces indépendantes, mais en deux zones individuelles, reliées entre elles.

Il faut d'abord aménager la pièce pour que, comme nous l'avons mentionné, elle puisse être utilisée à la fois par deux personnes avec confort. Pour cela, il convient de doubler certains éléments, tandis que d'autres devront assurer une plus grande intimité que dans des conditions normales.

Il n'est pas difficile de trouver sur le marché des lavabos doubles, qui, dans un même module, incluent les éléments nécessaires à une utilisation simultanée par deux personnes (deux miroirs, éclairage individuel pour chacun d'entre eux ou éléments séparés).

Prévoir en double les accessoires les plus communs (porte-serviettes, tabouret ou porte-savon) ne sera ni difficile ni cher, et, en revanche, sera très pratique pour éviter de gêner la toilette de l'autre.

Les sanitaires principaux (WC, douche, baignoire) ne doivent

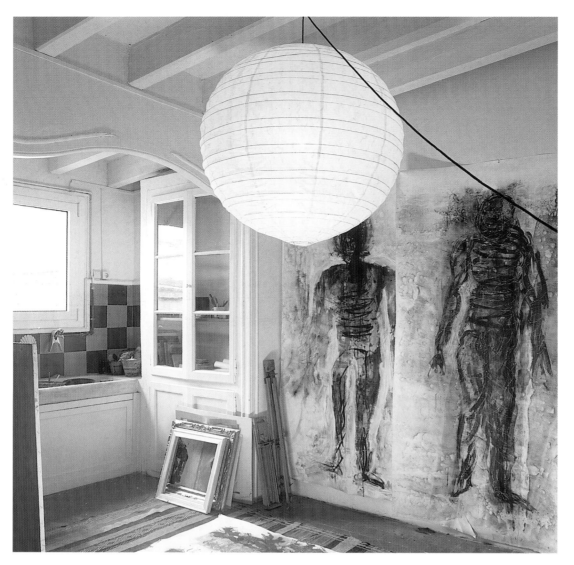

◀ *Installer l'atelier de peinture avec la cuisine donne un air bohème très décoratif et très pratique pour avoir les robinets à portée de main.*

beauté, manucure et pédicure, etc.). En séparant ces deux parties, ne serait-ce que par un simple paravent, on renforce le caractère individuel de chacune de ces zones qui pourront être décorées dans un style différent. Créer deux niveaux au moyen de marches ou choisir une couleur différente pour les sols et les murs peut aussi permettre d'obtenir de bons résultats.

De toutes manières, si l'on veut conserver l'unité de cette pièce et qu'elle forme un ensemble, et si l'on ne veut pas nuire à la sensation d'ampleur, d'espace et ne pas gêner les mouvements, il est absolument nécessaire de délimiter les différentes zones par des procédés décoratifs ou des cloisons de verre et non par des éléments structuraux solides et opaques (paravents, cloisons etc.). En effet, ces derniers fragmentent l'espace et détruisent ce qui constitue l'une des caractéristiques principales de ce type de pièce, à savoir l'ampleur des dimensions et l'unité d'un ensemble composé d'éléments très divers et voué à de multiples fonctions.

Entre la salle de bains et la chambre, on peut placer une antichambre qui contiendra les armoires et une penderie. Ainsi, l'on gagnera de l'espace dans la chambre et en plus, on évitera de gêner l'autre tôt le matin, en procédant à la toilette et en s'habillant pour sortir.

Enfin, il est évident que le progrès général de la société moderne, une situation meilleure dans tous les sens du terme, une plus grande culture et une meilleure information nous conduisent à nous intéresser de plus en plus aux problèmes de santé, à notre propre corps, et à la nécessité de maintenir une bonne forme physique. On peut donc envisager l'installation dans la maison d'une petite salle de gymnastique et de remise en forme. Il ne fait aucun doute que, si l'on dispose de l'espace et des moyens financiers adéquats, l'idéal sera d'installer, dans un

pas être doublés, car lorsque l'un d'entre eux est utilisé, les autres restent libres et disponibles pour l'autre utilisateur. Cependant, il est indispensable de les rendre le plus indépendants possible : une petite alcôve pour le WC et une cabine avec porte et cloisons de verre peuvent préserver l'intimité ou résoudre les éventuels problèmes d'odeurs dans un salon-salle de bains utilisé par plus d'une personne à la fois.

Ensuite, il convient, pour une pièce que l'on destine à des usages multiples, de distinguer deux zones : la zone humide, pour le WC, la douche et la baignoire, et la zone sèche, pour le lavabo et tout ce qui concerne la toilette et l'hygiène personnelles (rasage, brossage des cheveux, application de produits de

◀ Dans une grande chambre, on peut créer divers espaces réservés à différents usages.

▶ *Dans la salle de bains, bien qu'il soit préférable de ne pas diviser l'espace, l'idéal est de créer une indépendance maximale entre les utilisateurs. Ici les deux lavabos sont des éléments entièrement séparés. Le miroir qui unifie l'ensemble possède un cadre d'acajou, réalisé à partir d'une tête de lit.*

salon-salle de bains qui réunit les conditions indispensables, quelques appareils (vélo d'appartement, barres, haltères, etc.), qui peuvent se placer n'importe où, ainsi qu'un jacuzzi, une douche pour hydromassage ou même un minisauna. Les possibilités sont infinies et les résultats peuvent être remarquables.

▼ *Ici, on a étudié la meilleure façon de distribuer l'espace pour permettre d'installer baignoire et douche séparées, et pour que tous les éléments qui doivent se partager les lieux soient facilement accessibles.*

OBJETS ET LIEUX
ACCESSOIRES, ÉCLAIRAGE ET PLANTES D'INTÉRIEUR

Rien de plus agréable que de penser aux éléments accessoires au moment de planifier la décoration d'une pièce. Concevoir de manière satisfaisante un espace qui soit fonctionnel et esthétique est quelque peu abstrait ; au contraire, le détail ornemental est concret, facile à comprendre et, en de nombreux cas, fascinant. Cela peut être un motif graphique, un « recoin » de rêve ou un bibelot posé sur le meuble favori, mais l'impact de ce détail peut faire perdre de vue l'objet fondamental. Cependant, un ensemble créé en juxtaposant une multitude d'éléments décoratifs ne sera jamais harmonieux même si les recoins et accessoires individuels le sont.

C'est pourquoi il faut établir un système de priorités et aller du général au particulier. Mais il faut tout de même exploiter les possibilités de cet élément accessoire qui nous a fascinés en essayant de trouver le moyen de l'intégrer dans nos plans, car un motif plus ou moins varié, ou les diverses tonalités d'une même couleur peuvent unifier une partie précise de la maison. Il est donc indispensable d'évoquer à nouveau le concept de centre d'intérêt qui permettra de souligner les espaces individuels en créant des zones qui attirent le regard et d'autres qui le reposent.

L'étude de la répartition des centres d'intérêt, des dominantes ou sous-dominantes rend possible un traitement particulier de chaque partie de la maison, de chaque pièce et permet de voir si ces dominantes qui contribuent tellement à personnaliser notre décoration nécessitent ces éléments accessoires. Tout espace possède un rythme auquel contribuent ses composantes diverses et il nous faut découvrir le plus approprié, qu'il ait la solennité d'une valse et suive le tempo principal, ou qu'il ait le dynamisme du jazz, attentif aux rythmes secondaires. Ce rythme créera l'équilibre, l'insertion des diverses parties dans le tout.

Nous examinerons maintenant quelques cas concrets et ferons des suggestions utiles à l'aménagement d'espaces, comme les vestibules, qui, parfois, ne reçoivent pas l'attention qu'ils méritent. Dans la construction actuelle, les vestibules sont des pièces qui courent le risque de devenir des lieux sans vie en raison de leurs fonctions multiples : lieu de passage, d'accueil, de communication entre les différentes pièces… Un élément important y est l'éclairage, si possible naturel, direct ou indirect, qui doit créer un rythme entre les éléments destinés à accueillir l'arrivant (porte-parapluie, portemanteau, etc.), ceux qui servent à ranger les petits objets (commode, tiroirs pour les clés, etc.) et ceux qui définissent la personnalité de la maison, comme les tableaux ou les objets artistiques.

Un cas bien différent est celui des bureaux et zones de travail, espaces qui, d'ordinaire, n'ont qu'une seule fonction, ce qui crée une atmosphère qui facilite la concentration et permet d'organiser le travail de manière efficace. Il convient de coordonner l'espace même s'il est destiné à différentes fonctions : la table, les classeurs – ces derniers peuvent nuire à la décoration si l'on n'y prête garde –, les rayons, les armoires et les lampes forment un tout qui définit la personnalité de l'occupant. Même le téléphone contribue à créer ce que, dans ce cas précis, on peut appeler l'image professionnelle. Ce sont des espaces qui tendent à accueillir peu à peu divers objets personnels, ce dont on doit tenir compte lors de leur conception, en évitant de trop les encombrer.

Si les bureaux sont des espaces fonctionnels, modulables et agréables, il en va de même des combles. Un plafond élevé peut être un atout si l'on sait l'utiliser en y aménageant des espaces utiles ou en créant avec les différences de niveau, dans un salon, par exemple, ou dans une chambre, des effets dynamiques d'une grande qualité plastique. Les combles sont une source inépuisable de réalisations utiles et amusantes.

Bien prévoir l'éclairage est d'une importance primordiale. Si la lumière naturelle est un don dont on ne peut se passer, l'éclairage artificiel permet d'obtenir des effets supérieurs grâce aux progrès techniques et esthétiques des systèmes d'éclairage qui remplacent la lumière solaire : lumière ambiante qui crée des effets décoratifs, aux niveaux inférieurs, avec lampes et spots, en jouant sur les zones d'ombre intermédiaires, éclairage d'appoint ou lampes de travail qui peuvent animer un certain angle, un joli recoin, en le mettant en relief à un moment donné, lumière particulière, comme celle des bougies, qui créent autour d'elles un espace d'une douce intimité… En décoration, on peut dire que la lumière est l'air que respirent les éléments d'une pièce. Sans elle, meubles et ornements n'existeraient simplement pas. C'est pourquoi le choix de l'emplacement et du style des lampes ne doit pas se faire au dernier moment, car il faut effectuer des travaux préalables, comme l'installation électrique adéquate, avec branchements et prises appropriés.

Nous abordons finalement le thème des plantes d'intérieur, l'un des grands succès des dernières décennies. Décorer une maison avec des plantes est décorer avec la vie et participer à la vie. Non seulement elles adoucissent les durs et froids profils auxquels le design nous a habitués, elles apportent aussi couleurs et textures qui contrastent avec la présence massive d'un meuble de grande majesté, ou occupent un coin oublié. Les plantes apportent ce que nul autre élément décoratif ne peut apporter, une forme particulière de félicité.

Personnaliser la décoration

▲.*Une lampe art déco, à globe de cristal finement ciselé, peut jouer un rôle décoratif primordial en émettant une lumière de caractère particulier, grâce aux médaillons que forment ses verres polychromes.*

Ainsi que devant une œuvre picturale, il existe toujours un centre d'intérêt vers lequel se dirigent, inconsciemment et comme par réflexe, les regards des spectateurs, il se produit un phénomène semblable dans les pièces d'une maison. Toute décoration réussie doit prévoir un centre d'intérêt qui harmonise le style, la couleur, les caractéristiques tout comme la disposition des meubles, objets et éléments, et qui constitue le cœur de la pièce.

Avant de décorer une pièce, il faut choisir un point ou un élément qui, par son attrait ou son importance fonctionnelle par rapport aux activités qui s'y exerceront, en devient le centre d'intérêt. Par exemple, il suffit de penser au rôle de la table dans une salle à manger, dont la présence et l'utilisation en font le centre d'intérêt de la pièce, ou à l'importance esthétique de la cheminée dans la décoration d'un salon. Situer ou délimiter, selon les cas, correctement ces éléments et leur subordonner les autres objets de la pièce, qu'ils soient essentiels (chaises, sources de lumière, etc.) ou annexes (toiles, éléments décoratifs, meubles d'appoint, etc.), est fondamental pour organiser correctement l'espace d'une pièce car il s'agit de la référence obligatoire qui permettra d'obtenir l'agencement esthétique adéquat de l'ensemble décoratif. De plus, cette démarche permet de créer des espaces secondaires à l'intérieur de l'espace principal, qui divisent la pièce en zones destinées à des usages divers.

En un mot, voici ce que signifie un important concept qui en décoration s'appelle « mise en relief » : déterminer l'importance, par l'intensité, le côté fonctionnel et l'attrait visuel, des éléments qui forment l'ensemble de la décoration d'une pièce. L'intérêt de cette idée est de rehausser certains éléments d'une dépendance pour y créer des centres d'attention ou de repos des yeux, ou de diviser la pièce en différents espaces, sans utiliser de cloisons ou éléments de séparation, qui la rendront plus flexible et plus fonctionnelle (par exemple un salon-salle à manger utilisant deux centres d'intérêt autour desquels sont placés d'autres éléments : la table pour manger et une autre plus petite pour le séjour). Voici différentes formes de mise en relief :

Mettre en relief : cela s'effectue en disposant autour d'un point central meubles et éléments accessoires d'une certaine taille, de façon à diriger les regards vers ce centre. C'est le cas d'une table de salle à manger entourée de chaises. Le groupe demeure le plus important, et ce n'est pas un seul élément qui est mis en relief, mais tout l'ensemble.

Souligner : cela consiste à faire subir un traitement de faveur à un objet décoratif ou à un élément architectural qui se distingue des autres par sa valeur esthétique. Cela peut s'appliquer, par exemple, aux cheminées, escaliers ou, même, aux œuvres

◄ *Un salon classique permet de revêtir un mur d'un ensemble de tableaux accrochés dans un désordre apparent, vers lequel se dirigent les regards.*

▶ *Le rideau victorien, brodé d'or, utilisé comme tapisserie, donne le ton à la pièce. Pour contrebalancer son effet, on a placé une sobre commode et le mur a été peint d'un bleu ciel reposant.*

d'art, qui par leur attrait peuvent se convertir en centres d'intérêt, conférant personnalité et caractère à une pièce. Bien qu'il ne faille pas forcer la note, la présence de ces « points forts » doit être soulignée par le choix des éléments décoratifs qui les entourent et les complètent ainsi que par les couleurs et l'éclairage.

Petites touches discrètes : elles consistent à créer de petits espaces peu voyants qui se décorent de façon discrète, mais avec caractère, et qui aident à créer une certaine intimité et à équilibrer l'ensemble décoratif. Ce ne sont pas des centres d'intérêt en eux-mêmes, mais ils sont indispensables pour compenser l'impact visuel excessif de certaines parties d'une pièce ou pour compenser la froideur des autres (par exemple l'endroit où se trouve la petite table du téléphone dans un salon ou les tables de nuit dans une chambre).

Second rôle : c'est celui que jouent la structure de la pièce, le

▶ *Habiller une table, c'est y disposer avec une certaine élégance la vaisselle et les verres. Sur une nappe de damas on a placé des bols délicats de céramique chinoise aux tons bleus, qui produisent une sensation de fraîcheur et d'élégance.*

▼ *Un groupe de sculptures sur bois de différentes sortes placées de façon irrégulière produit un jaillissement artistique dans cet intérieur.*

plafond, les murs et les sols. Normalement, la façon dont sont traitées ces parties de la pièce dépend de ses dimensions, de sa fonction et des éléments que l'on va y inclure. Ils doivent avoir un rôle secondaire car ils occupent une grande partie de l'espace, et leur donner trop d'importance serait gênant et lourd.

▶ *Pour souligner ce recoin élégant, on a disposé, sur la console rococo, une lampe de chevet qui éclaire un service à café disposé en désordre, en jouant sur les volumes des tasses.*

▼ *Un grand tableau est mis en valeur par sa position centrale. Une chaise de treillis métallique et un candélabre complètent la décoration de cet espace, seulement rompu par le pilier de maçonnerie et le coloris du revêtement de sol carrelé.*

Entrer du bon pied

De nos jours, la surface disponible est un luxe qui subit des restrictions constantes. C'est pour cela qu'actuellement les vestibules ont perdu la considération et le prestige dont ils jouissaient autrefois. Dans des demeures très petites on tend à éliminer le vestibule et à le reconvertir pour augmenter l'espace vital général. Cependant l'entrée d'une maison est très importante car c'est là que le visiteur reçoit sa première impression, que se définit l'ensemble du lieu, que se manifeste aussi la personnalité des occupants. Pour cela, même si l'on ne dispose que de peu d'espace, on ne doit à aucun prix négliger cet endroit.

En principe il ne semble pas excessivement difficile de décorer l'entrée d'une maison car, s'il s'agit d'un petit espace intermédiaire, il n'est pas bon non plus de le surcharger de meubles ou autres objets ; cependant, le vestibule, bien que de dimensions réduites, doit avoir son propre style et en même temps être une véritable antichambre. A ce sujet, il existe quelques préceptes de type général qu'il convient de rappeler :

▶ *Coordonner les éléments qui décorent un vestibule est un pari sûr. Une console ancienne fait pendant à un miroir qui multiplie la lumière grâce à deux appliques de bronze. La couleur claire des murs accentue encore plus la sensation de luminosité.*

- Il est important d'harmoniser l'entrée de la maison et son extérieur pour éviter un changement brusque, un choc visuel excessif et regrettable. Ainsi, si l'on entre dans le vestibule en venant de la rue, d'un petit ascenseur ou d'un palier sombre, il convient de créer une ambiance gaie et accueillante, par exemple avec des plantes, un tableau, ou un système d'éclairage imaginatif, ou en peignant les murs de tons chauds.

- Si petit que soit l'espace, tout vestibule permet toujours l'insertion de quelque élément qui lui donne de la personnalité. Une petite étagère et un porte-manteau, une jolie chaise ou un simple objet décoratif peuvent être suffisants pour créer l'atmosphère désirée.

▲ *Une petite entrée peut se convertir en une antichambre élégante meublée d'une commode de style gustavien surmontée d'un miroir qui agrandit l'espace éclairé par deux appliques avec abat-jour plissé. Pour adoucir l'effet créé par les rideaux, on a décidé d'installer un parquet aux tons clairs.*

▶ *Le scintillement d'une lampe de gouttes de cristal, attirera le regard d'une petite entrée ornée d'un grand tableau et de deux fauteuils art déco. Un bouquet de fleurs apporte une touche de couleur.*

Si l'espace ne fait pas défaut, il existe divers éléments qui peuvent servir à décorer le vestibule. On peut ainsi y placer un meuble, une étagère ou une petite commode, de préférence à tiroirs, où l'on exposera divers objets décoratifs, et où l'on pourra ranger lettres, factures, clés, crayons et même annuaires téléphoniques. On peut également y placer une armoire pour ranger les manteaux ou, à défaut, un portemanteau ; un porte-parapluie qui, de plus, peut contenir une canne décorative, enfin, il est toujours très pratique de disposer d'un miroir.

Ce dernier est un élément décoratif qui contribuera à augmenter la sensation d'espace dans cette petite pièce et sera extrêmement utile pour y jeter un dernier coup d'œil avant de sortir.

Les vestibules doivent être chauds et accueillants et, pour cela, l'éclairage est très important. Il faut se rappeler que c'est un lieu où la lumière ne doit pas éblouir, mais, en

◄ Un simple portemanteau récupéré chez un antiquaire et une petite cage peuvent suffire à décorer une entrée minuscule.

▼ Pour habiller un vestibule il n'est pas toujours nécessaire d'y mettre des meubles et des objets. En jouant avec certains revêtements, des poutres en bois et des briques, on peut obtenir des résultats surprenants. L'entrée du salon a été peinte à main levée, de motifs du plus bel effet. Comme unique décoration, un parapluie, des bottes et un tapis persan.

même temps, il n'est pas bon non plus, pour les visiteurs, que l'entrée de la maison soit à demi plongée dans la pénombre. S'il n'y a pas d'éclairage naturel, le plus pratique sera la lampe de bas voltage avec quelques appliques dirigées vers le haut, vers le bas ou vers quelque coin précis de la pièce. De même, il convient que les interrupteurs et les poignées de portes soient très accessibles et faciles à actionner.

• Puisqu'il s'agit de la pièce la plus utilisée de la maison, à cause des entrées et sorties et du passage fréquent, si elle fait fonction non seulement de vestibule, mais aussi de couloir, son sol doit être résistant, et il faudra éviter d'utiliser pour cette pièce des matériaux glissants.

• Si la structure architecturale d'origine de la demeure n'a pas prévu de vestibule, on pourra probablement recourir à différents artifices, par exemple placer le vestiaire face à la porte d'entrée, en guise de séparation, ce qui permettra, de plus, de laisser un vaste

▲ *Une peinture couleur citrouille où se détache une étoile, un simple banc de bois et un tapis sont les éléments choisis pour aménager un petit espace à l'entrée d'une maison.*

▶ *Une console aux lignes minimalistes peinte en gris sert à présenter une série d'objets disposés en désordre. Pour compléter le tout, une peinture murale style pop-art ajoute une touche de couleur.*

espace d'accès à la maison. Une autre possibilité est de placer des étagères ou bibliothèques à deux faces. Une face donnerait sur le salon et servirait de bibliothèque, et de l'autre côté, on pourrait même disposer un petit meuble de vestibule.

Une fois de plus il faut se rappeler que, malgré le peu de ressources des demeures actuelles et la difficulté de trouver des solutions de rechange, l'imagination, un peu de bon goût et des choix décoratifs longuement pensés peuvent nous faire découvrir des idées et des combinaisons intéressantes.

Travail et confort

La difficulté des travaux de décoration actuels est de concilier deux fonctions en apparence contradictoires : intimité et vie sociale. Tout être humain a besoin d'un espace privé, silencieux et reposant, éloigné de la foule, isolé du bruit et de l'agitation que provoque la vie en commun ; mais aussi, toute habitation doit être, dans une certaine mesure, un lieu où l'on puisse recevoir, conçu pour accueillir nos relations et permettre d'organiser réceptions ou soirées entre amis. Ceci est

▼ La zone de travail doit toujours être en ordre. Les outils doivent être rassemblés pour être à portée de main. Dans des boîtes sont rangés pinceaux et palettes et au premier plan on a placé les récipients qui servent à mélanger les couleurs. Des étagères servent à ranger livres et objets divers.

d'autant plus vrai lorsqu'un membre de la famille exerce une activité professionnelle à domicile.

S'il est vrai qu'est révolue l'époque où certains membres des professions libérales, médecins, architectes ou avocats, avaient leur cabinet ou leur bureau dans leur domicile qui, il est vrai, était beaucoup plus vaste qu'à l'heure actuelle, il est indéniable que, en raison des conditions économiques et de l'évolution du marché du travail, de plus en plus de gens décident, de nos jours, d'exercer chez eux une activité professionnelle, ou s'y voient contraints. Petits artisans, travailleurs indépendants ou professionnels : publicistes, dessinateurs, journalistes, ont trouvé ainsi une façon commode d'exercer leur activité professionnelle.

Dans la mesure du possible, la solution logique est de disposer d'une pièce unique réservée à

▲ Pour tout espace de travail, il est indispensable de disposer d'un éclairage suffisant. Deux lampes puissantes éclairent une vaste table, mettant en relief de petites sculptures de bois.

l'activité professionnelle, ainsi, on pourra librement installer les meubles et équipements les plus fonctionnels, sans avoir à se soucier de l'esthétique générale de la maison. Si, par exemple, on veut disposer d'un petit atelier (de peinture, d'artisanat, de menuiserie…), on pourra l'équiper du matériel approprié, d'un revêtement de sol particulièrement résistant et prévoir une ventilation correcte et une isolation sonore adéquate, évitant ainsi d'altérer la décoration de l'ensemble du logement. On pourra de même transformer la pièce en bureau en y installant chaises, tables et rayonnages, ce qui assurera le confort, permettra la concentration et créera une ambiance de travail.

De toute manière, puisqu'il s'agit de créer une ambiance de travail, aussi bien le choix des meubles que leur disposition dans la pièce doivent se faire avec un haut sens pratique, en

pensant surtout à la fonction qu'ils peuvent remplir. Un journaliste ou écrivain ne pourra pas se passer d'une grande bibliothèque ou d'un porte-revues pour les divers papiers et documents qu'il est amené à consulter presque constamment. Pour un bijoutier qui souhaite installer son atelier chez lui, il sera indispensable d'avoir à sa disposition un bon nombre de tiroirs et de petits placards pour ranger, dûment classés et séparés, les différents matériaux, les outils et ustensiles de travail ou les pierres ou les minerais avec lesquels on élabore les bijoux. Et un commercial autonome verra son travail facilité s'il dispose de bons fichiers pour ses archives clients, il lui faudra de plus une chaise de bureau confortable sur roulettes à haut dossier, une bonne table de travail avec un téléphone et quelques chaises pour

▶ Répartir rationnellement outils et matériel de travail peut être une réussite du point de vue décoratif. Dans une vieille maison, une vaste pièce a été aménagée en atelier où l'on a disposé avec méthode fils de fer, outils et même une œuvre déjà terminée.

◄ Dans un espace organisé autour du travail, il est nécessaire d'installer quelques rayonnages pour avoir accès aux livres facilement. Un coin de la pièce, près de la porte, a été aménagé en bibliothèque pratique, éclairée par des spots orientables. De l'autre côté, un coin bureau avec une vaste table complètent l'ambiance.

qui peuvent exercer de multiples fonctions. On pourra de même installer un petit spot au plafond ou au mur, en l'orientant vers un point précis, comme des étagères ou des bibliothèques.

Si l'on dispose d'espace suffisant, pourquoi ne pas installer plusieurs tables, une pour chaque activité que l'on va exercer, par exemple une petite table pour le téléphone et une autre

plus grande pour consulter indépendamment des livres, des revues et documents, et même une table ronde, entourée de chaises, pour de petites réunions. Comme ce sont des objets qui occupent un certain volume, il faut essayer de tirer parti de la longueur des murs pour placer les tables.

Au moment de choisir le type de mobilier le plus adéquat, il existe diverses possibilités. On peut opter pour des meubles faits sur mesure, ce qui assure une parfaite adaptation aux dimensions de la pièce et permet de disposer de la manière la plus appropriée tiroirs, rayonnages et consoles. Leur unique inconvénient, non négligeable, est que ces meubles peuvent être assez chers.

recevoir ses visiteurs. Et, ainsi de suite… Dans tous les cas, il faut savoir que l'on aura toujours besoin d'un plus grand nombre de placards, de tiroirs, d'étagères ou de petites boîtes pour les crayons, les cartes ou documents que prévu. Si dans chaque intérieur l'ordre doit régner à tout prix, il est absolument indispensable dans un lieu de travail, où toute proposition d'aménagement ou solution de rangement sera la bienvenue.

Dans toute pièce destinée à exercer une activité professionnelle quotidienne, il faudra apporter une attention spéciale au problème de l'éclairage, indispensable pour le travail. Il faudra mettre la table de travail le plus près possible de la fenêtre, si elle existe, et lui faire face pour pouvoir ainsi profiter à toute heure de la lumière du soleil.

L'éclairage artificiel doit comprendre un éclairage général et une ou plusieurs lampes. Sur le marché, on peut trouver toutes sortes de lampes, des lampes orientables aux spots halogènes. Il en existe un grand nombre de modèles de toutes dimensions

► Le bureau est la partie fondamentale de la maison où l'on installe toutes sortes d'outils de travail, livres et ordinateurs, avec art et bien rangés.

Une autre solution consiste à acquérir les meubles (armoires, fichiers, meubles à tiroirs) un par un en faisant en sorte qu'ils s'adaptent à l'espace disponible. Si ce dernier est assez réduit, la meilleure solution serait d'installer des étagères et modules adaptables et réglables.

Enfin, pour que ce lieu soit propice au travail, il ne faut pas oublier ces petits accessoires si utiles dans un bureau : corbeille à papier, pots à crayons, tableaux plastifiés ou en liège pour y mettre notes et papiers. Et, il ne faut pas oublier, si possible, d'ajouter quelques éléments décoratifs (tableaux, objets de céramique, etc.) et, surtout, une plante. Si petite et humble qu'elle soit, à elle seule elle donnera à la pièce une touche de gaieté et rompra l'éventuelle froideur.

Actuellement, le manque d'espace dans la majorité des demeures fait que, souvent, la zone de travail doit obligatoirement faire partie d'une autre pièce. Il faut faire quelques remarques à ce sujet. Un bureau doit être confortable et calme, mais, en même temps, sa décoration doit s'adapter au reste de la pièce. On peut tirer parti de n'importe quel recoin. Mais, par exemple, dans une maison où il y a des enfants, il sera peut-être conseillé d'installer le petit bureau dans la chambre matrimoniale pour éviter les problèmes que posent les enfants. Une personne qui vit seule, en revanche, n'aura pas de gros problèmes à installer son espace de travail dans le salon ou la salle à manger. Comme toujours, avec un peu d'imagination, on pourra trouver des solutions plus qu'acceptables. C'est aussi une bonne idée de le placer dans la chambre d'amis, moins souvent utilisée, ou dans la salle où l'on écoute la musique et la radio et où l'on regarde la télévision.

▶ *Quand on range les étagères, il est essentiel de grouper et d'ordonner rationnellement les objets. Sur une simple planche laquée en blanc sont disposés des objets et des livres, à des fins décoratives. On a meublé le vide sous l'étagère en y plaçant une œuvre graphique moderne.*

Si l'on utilise un ordinateur, cas très fréquent de nos jours, et si le travail que l'on fait ne nécessite pas trop d'espace pour le mobilier on pourra trouver un recoin près d'une fenêtre et y installer une table informatique, de dimensions réduites, qui permet de disposer écran, clavier et imprimante. Un meuble à tiroirs ou sur roulettes complétera le mobilier restreint mais fonctionnel du bureau. Le bureau est le lieu essentiel de la maison où se rangent soigneusement et avec méthode toutes sortes d'accessoires, livres et ordinateurs.

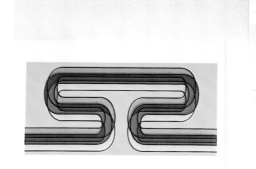

▶ *Un vaste mur a permis d'installer une grande zone de travail et une étagère qui sert à ranger toutes sortes d'objets. Pour recouvrir les murs, on a choisi le blanc qui contraste avec les carreaux anciens du sol et les moulures du plafond.*

▲ Si l'on dispose de suffisamment d'espace, il peut être utile d'installer deux tables qui permettront d'exercer diverses activités dans une même zone de travail. Sur la table la plus proche de la fenêtre et la mieux éclairée, on a disposé l'ordinateur ; l'autre a été aménagée en coin lecture éclairé par une magnifique lampe.

▶ Une zone de travail peut contenir des meubles d'époque. Une table classique de style gustavien, accompagnée de deux chaises cannées, domine un espace dont le sobre classicisme est accentué par une peinture murale. Comme éclairage, une puissante lampe halogène directionnelle et un lampadaire avec abat-jour complètent l'ensemble.

◀ Un miroir posé sur un buffet réfléchit la lumière et agrandit visuellement l'espace du bureau qu'il décompose en différents plans. Deux petits bancs revêtus de carreaux écossais de style nordique confèrent une touche d'élégance à cet espace.

Un recoin pour l'étude

Bien que sous certains aspects les conditions de vie se soient considérablement détériorées, il est certain qu'un niveau de vie généralement plus élevé, une meilleure information, un intérêt pour la culture, un désir d'apprendre ou de pratiquer des

▼ Deux tables à roulettes ont été placées près d'une baie vitrée pour bénéficier de l'éclairage naturel. Près du mur, des étagères mobiles, fonctionnelles servent de lieu de rangement improvisé et pratique.

activités nouvelles ont créé peu à peu de nouveaux besoins qui nécessitent une transformation des logements.

Bien des personnes, de nos jours, éprouvent le besoin de disposer chez eux d'un petit coin tranquille où se recueillir et s'isoler du bruit et des nuisances pour étudier, lire ou pour écrire ou pratiquer quelque activité : création artistique, montage de maquettes, travaux d'aiguille, couture, etc.

Il est certain que le nombre d'emplois à domicile augmente, en raison du développement de professions autrefois moins courantes : traducteurs, informaticiens, démarcheurs, etc. De plus, le style de vie actuel et les caractéristiques du marché du travail imposent des conditions et exigences nouvelles (le nombre de travailleurs free lance augmente de plus en plus), par conséquent, il convient d'en tenir compte au moment de planifier et agencer l'espace intérieur.

▶ Un grand rideau drapé sépare une petite salle d'archives du reste de la maison. L'ensemble est complété par un mannequin de couturière qui donne à ce lieu un air théâtral.

Quand, dès la fin des années 70, on commença à considérer comme normal l'installation du lieu de travail au domicile privé, on découvrit que cela est aussi valable pour les employés de bureau, les petits entrepreneurs ou les représentants que pour les journalistes, les artistes, les créateurs ou les écrivains. D'autre part, il n'est pas rare qu'à notre époque on ait une occupation secondaire qui sert à compléter les revenus du travail quotidien, ou bien, l'on consacre une grande partie de son temps libre à certains passe-temps tels que l'étude des langues, l'écriture, l'informatique, le dessin ou simplement la lecture. Toutes ces activités nécessitent un espace tranquille qui leur soit réservé et permette la concentration nécessaire.

Si l'on travaille toute la journée chez soi, ou si la maison est grande, la meilleure chose à faire est d'aménager une pièce entière pour y travailler. Cela vaut même la peine de réorganiser l'espace de la demeure, par exemple, en transportant les armoires et autres éléments de la garde-robe dans la chambre la plus vaste ou, même, en sacrifiant le salon, dans le but d'installer un petit bureau confortable. Ainsi, si l'on reçoit la visite de clients ou de collègues, on pourra maintenir une image professionnelle à laquelle nuirait sans doute un bureau entouré de lits défaits ou d'objets en désordre ou simplement placé au cœur des inévitables va-et-vient qui ont lieu dans une maison et des activités domestiques qui se déroulent dans les autres pièces.

Cependant dans la plupart des foyers, il " manque " toujours des pièces, et consacrer une pièce

◄ *Un vieux meuble récupéré dans un bureau ancien sert d'élément de rangement décoratif grâce à ses multiples tiroirs. Les poignées métalliques apportent une touche de luminosité. Sur le dessus, on a placé des objets de façon désordonnée mais harmonieuse, complétant ainsi un ensemble décoratif dominé par un ventilateur d'époque.*

sans contrastes marqués, qui porte à l'étude.

• Penser à l'étroitesse des logements modernes, et choisir un style de décoration ainsi que des meubles qui créent une sensation d'espace.

• Il est important que le lieu choisi soit bien éclairé et qu'il y ait une source de lumière naturelle près de laquelle on placera la table.

• Toujours en ce qui concerne l'éclairage, il semble judicieux de peindre les murs de couleurs douces, et qui se marient avec l'ensemble, car elles favorisent la concentration.

• Peints de couleurs appropriées, les meubles de travail peuvent aussi apporter de la fraîcheur au bureau.

Comme il a précédemment été souligné, la meilleure façon de créer un lieu d'étude approprié, lorsque le logement est de dimensions réduites, est de l'installer dans une pièce qui a déjà une autre fonction. Voici quelques réflexions et suggestions à ce propos :

La chambre. Elle a l'avantage d'être une pièce qui ne s'utilise pas pendant la journée, mais, d'autre part, elle est d'ordinaire de dimensions assez réduites et, par conséquent, le lit en est l'élément dominant qui occupe une partie non négligeable de l'espace disponible. La meilleure solution peut être de créer un petit espace indépendant en plaçant une table de travail sous la fenêtre, mais il faut se rappeler qu'on ne pourra disposer d'un grand nombre de meubles annexes, étagères ou tiroirs, car ceci nuirait à l'atmosphère sereine et par conséquent détendue que l'on attend du lieu où l'on dort. La chambre peut être une bonne solution pour

entière à cet usage dans le cadre étroit des édifices actuels est un luxe que tout le monde ne peut se permettre. Par conséquent, si l'on veut aménager un coin pour étudier ou écrire, la meilleure solution est d'aménager une pièce à double usage. On peut

passer de nombreuses heures à étudier, c'est pourquoi il faut bien choisir le lieu consacré à l'étude en tenant compte d'un certain nombre de facteurs indispensables pour profiter au maximum de l'espace et en tirer le meilleur parti possible. En accord avec ce

que nous venons de dire, et pour faire en sorte que l'aménagement de l'une des pièces s'avère satisfaisant, voici quelques conseils :

• Cette pièce ne sera équipée que des éléments indispensables.

• Ce sera un lieu tranquille, séparé de la zone la plus animée de la maison, surtout si la famille comprend plusieurs membres et inclut des adolescents ou des enfants, afin de favoriser la concentration et le calme et éviter, par exemple, que les enfants ne les troublent.

• Il faut choisir le style de décoration le mieux adapté à l'ensemble afin de créer une ambiance sereine et uniforme,

◄ *Dans un espace diaphane, aux murs recouverts d'une peinture qui imite le stuc, et où les rideaux tamisent la lumière, on a aménagé diverses zones de travail. Une grande table sur laquelle est posé un ordinateur, un espace pour regarder la télévision et un petit recoin où l'on a placé étagère et classeur.*

ceux dont l'activité requiert peu d'équipements ou de meubles de classement et à qui suffit un petit bureau. Une solution amusante et originale pour pallier le manque d'espace peut consister à utiliser un mobilier sur roulettes (secrétaire, chaise, classeur ou tiroirs), pour que, une fois la tâche terminée, ils puissent être placés là où ils ne gênent pas.

La salle à manger. Si la maison a une salle à manger indépendante, située dans une pièce de dimensions raisonnables, on peut envisager d'y installer le bureau, car elle aussi s'utilise à temps partiel et bénéficie, d'ordinaire, d'un bon éclairage naturel. La table peut même servir de surface de travail, bien que, indubitablement, il ne soit ni commode ni agréable de devoir tout ramasser et ranger au moment de déjeuner ou de dîner. L'avantage de la salle à manger est qu'il s'agit d'un lieu où l'on peut toujours installer des étagères ou une bibliothèque, qui seront utiles pour ce genre d'activités. On peut prévoir une table pliante, solidaire de rayonnages, qui pourra se rabattre en certaines occasions (par exemple, si l'on reçoit des convives), permettant ainsi de récupérer l'espace nécessaire.

Salon et cuisine. Ce ne sont pas, bien sûr, les pièces les mieux indiquées pour y étudier ou y effectuer une activité professionnelle quelconque. Le salon, ou, le cas échéant, le salon-salle à manger, est l'endroit où se trouve d'habitude la télévision ou la chaîne hi-fi et où les différents membres de la famille passent le plus de temps, c'est pourquoi il sera malaisé d'y maintenir silence, calme et tranquillité. La cuisine, de son côté, même si elle est assez grande, ne possédera évidemment pas les conditions minimales requises pour l'étude, l'écriture ou le travail, de plus, il sera difficile d'harmoniser meubles et outils de travail avec sa décoration.

Il est évident que, psychologiquement, il n'est guère agréable de voir un secrétaire aux côtés d'un réfrigérateur ou d'un vaisselier. On peut cependant installer une grande table où les enfants pourront faire leurs devoirs, afin de pouvoir les surveiller tout en préparant le repas. Si l'espace est trop

▲ *On a transformé une partie des combles en coin travail avec un ordinateur. Des étagères originales en forme d'escabeau permettent de ranger livres et documents. A côté, une table sert de coin lecture.*

▶ *Une grande fenêtre éclaire un espace minuscule aménagé en coin travail où l'on a installé une table et des étagères contre le mur. La chaise, recouverte de toile, ainsi que le tableau confèrent à l'ambiance une discrète élégance.*

restreint, cette table peut être pliante et fixée au mur. Si malgré tout, il s'avère impossible d'installer le bureau dans quelque pièce que ce soit, il faudra essayer de chercher quelque recoin, par exemple sous l'escalier ou dans le vestibule, où placer au moins une petite table de travail. On peut même trouver des solutions à l'extérieur : si la maison a une terrasse, on peut décider de la couvrir en partie, ou de la fermer complètement, pour y installer le bureau nécessaire.

Avantages
des hauts plafonds

L'objectif de ce procédé consiste à tirer parti de l'espace habitable, et non seulement de l'espace horizontal, mais aussi de l'espace vertical. Il s'agit de profiter autant de la superficie que du volume. C'est sans doute un concept très valable surtout pour les maisons qui possèdent des plafonds élevés, par exemple les appartements situés dans des édifices anciens, mais, comme nous le verrons, certaines possibilités pratiques mentionnées ici sont parfaitement adaptables à toutes sortes d'intérieurs.

Voici deux raisons d'effectuer ce type de transformations : d'abord il faut essayer de tirer parti au maximum de l'espace disponible, ce qui, comme on le sait très bien, représente un véritable casse-tête pour la plupart des foyers, en cherchant des espaces de rangement supplé-

▶ *Une pièce entièrement nue éclairée par une petite verrière qui laisse passer la lumière souligne l'effet décoratif des murs blancs qui transforment un espace réduit en un autre de plus vastes dimensions grâce à l'impact visuel de la lumière.*

▲ *Les tons blancs et pastel réfléchissent la lumière et agrandissent visuellement l'espace. Pour abaisser le plafond, on a placé sur le mur une frise qui se prolonge dans la salle de bains sous forme de poutre qui traverse la pièce et forme une structure qui dissimule le plafond élevé. Pour donner une sensation de plus grande proximité, on a placé sur le mur une plinthe qui se prolonge dans la salle de bains en une petite poutre en bois qui va d'un extrême à l'autre, en créant une structure qui dissimule le plafond haut.*

▶ *Pour rompre la hauteur excessive des plafonds, un escalier de bois mène à une mezzanine munie d'une rambarde. Dans l'entresol, un petit meuble armoire se détache sur la blancheur uniforme des murs dont il rompt la monotonie. Le lit en forme de tatami est éclairé par un seul spot directionnel.*

pour aménager une pièce entière, on peut envisager de créer des combles destinés au rangement d'objets divers ou des vêtements que l'on n'utilise pas souvent. Ainsi, dans une des pièces secondaires de la maison, on pourra installer, assez près du plafond, une plate-forme destinée à cet usage et dans les couloirs, des coffres ou des éléments de rangement fixés au plafond.

Dans les chambres des enfants, où l'espace libre fait toujours défaut car c'est là que les enfants jouent, étudient, dorment et s'habillent, il sera très pratique de placer le lit sur une estrade. Sous cette estrade, on pourra installer un autre lit si deux personnes dorment dans la même pièce, et sinon, une table de travail ou un secrétaire et une bibliothèque.

Dans la cuisine, la meilleure chose à faire est d'installer une série d'étagères en bois en haut des murs pour augmenter l'espace de rangement, ou de suspendre au plafond divers ustensiles et objets décoratifs qui serviront, de plus, à diminuer la hauteur apparente du plafond.

▲ *Pour abaisser les hauts plafonds on peut les peindre de couleurs chaudes, et y encastrer des spots qui dirigent la lumière vers des points précis. Pour plus de légèreté, on a évité d'installer des portes à charnières entre la salle à manger et la pièce et l'on installe sur un des côtés une porte vitrée coulissante, solution qui produit une certaine sensation de continuité et de confort entre un espace et un autre.*

▶ *Dans une salle de bains moderne, on a essayé d'abaisser visuellement le plafond en érigeant une cloison que l'on a revêtue de carreaux entourés d'un encadrement. La couleur sombre des encadrements des fenêtres contraste avec le blanc dominant.*

mentaires ou même en essayant d'aménager de nouvelles pièces ; ensuite, il faut essayer de trouver des solutions esthétiques, car un plafond de hauteur excessive peut nuire à l'attrait d'un salon et créer une impression de froideur ou faire qu'un couloir paraisse plus étroit qu'il ne l'est en réalité.

Si la hauteur le permet, la mesure la plus radicale et la plus spectaculaire, mais aussi la plus onéreuse, consiste à créer un entresol qui constituera un espace ouvert dont on pourra faire une ou plusieurs pièces. La meilleure solution est d'en faire une chambre ou une salle d'étu-

de ou de travail ou les deux à la fois car, située à l'écart des autres pièces, elle bénéficiera de la tranquillité requise. Il ne faut pas oublier de plus que installer au niveau supérieur la salle à manger ou la cuisine, et même la salle de bains, entraînera des problèmes de déplacement au moment de servir les repas ou de débarrasser la table une fois le repas terminé.

La façon la plus économique de relier les deux espaces est de placer un escalier et un support métallique le long d'un des murs de la pièce inférieure, mais on peut choisir de nombreuses autres options jusqu'à l'escalier en colimaçon.

Dans des demeures où le plafond n'est pas suffisamment haut

▲ *Si l'on dispose d'espace, on peut abaisser le plafond en installant des faux plafonds qui serviront à ranger divers objets de la maison. Dans le couloir, près du salon, il faudra veiller à tenir compte des proportions des portes et fenêtres. Pour compenser visuellement la hauteur, on peindra les murs et une partie du plafond de couleurs claires.*

Enfin, si l'on veut seulement éliminer la sensation visuelle de froideur que produisent les hauts plafonds, il convient de les rabaisser au moyen de faux plafonds ou en les peignant de couleurs plus intenses que celles des murs, car les couleurs fortes réduisent l'espace.

▶ *Pour rompre la monotonie du plafond élevé, on a choisi ici de rompre les lignes par une ouverture qui remplace une porte traditionnelle. Regrouper les tableaux allège l'ensemble et apporte une touche de couleur.*

Comme dans un jardin

◀ *Un petit patio au rez-de-chaussée a été transformé par un trompe-l'œil décoratif qui simule un mur percé d'une arche. Pour accentuer l'effet visuel, on a installé une estrade en bois et un parasol en toile.*

sont les endroits dépourvus de verdure, et rares sont les éléments décoratifs qui ne soient pas mis en valeur par une plante bien entretenue.

Au moment d'installer une plante dans une pièce, il faut tenir compte aussi bien de la lumière que de sa forme, de ses proportions et de ses couleurs. Les plantes les plus grandes, il va sans dire, réduisent visuellement l'espace, tandis que les petites seront moins en valeur dans des endroits vastes.

Les plantes les plus grandes peuvent être utilisées comme éléments de séparation entre deux espaces différents, ou pour unifier deux espaces distincts, par exemple le salon et la salle à manger, ou pour rendre plus confortables et apaisantes les zones de repos ou de lecture, ou pour servir de contrepoint à certains éléments très volumineux d'une pièce (on peut les placer de chaque côté d'une porte ou d'une fenêtre, près d'une bibliothèque ou pour contrebalancer la forte présence d'un grand tableau). Elles servent aussi à habiller ces recoins que possèdent toutes les maisons : couloirs étroits, petits vestibules, le vide sous l'escalier, ou, même la cheminée si elle n'est plus utilisée.

Bien que, malheureusement, les espaces verts soient de plus en plus rares dans les centres urbains, l'être humain a besoin, surtout en raison du rythme de vie intense de l'époque actuelle, de se sentir en contact avec la nature. On le constate, en plus de la coutume très répandue de s'échapper à la campagne en week-end, par la présence, dans la plupart des demeures, de plantes ou de fleurs d'ornement. Ceci n'a rien de surprenant car ces éléments modifient l'atmosphère et sont extrêmement décoratifs. Rares

◀ *Sculpture lumineuse, transparente où l'éclat métallique du cuivre contraste avec la douceur du cerisier et crée un effet d'une grande légèreté.*

▶ *Il suffit de quelques détails pour créer une ambiance de jardin sur une terrasse de ville. Les grandes fenêtres, protégées par de petites persiennes de fibre végétale, encadrent un petit coin terrasse recouvert de vélums. Un ficus orne la table décorée de touches provençales.*

► Des pots de fleurs Renaissance, divers arrangements floraux artificiels servent à mettre en valeur un petit jet d'eau baroque au centre d'une peinture murale d'époque. La zone est délimitée par une marche recouverte de terre cuite.

Les petites plantes ont les mêmes possibilités que n'importe quel autre objet ornemental, et peuvent s'exposer individuellement sur des étagères, des consoles, des meubles, des tables, fenêtres ou, même, se suspendre au plafond. Les étagères suspendues sont idéales pour y installer des plantes grimpantes et les laisser croître. Il est évident que si ce sont des fleurs, on doit choisir leur forme, leur coloris et leur texture en fonction de la décoration.

On peut aussi disposer ensemble différents types de plantes et de fleurs de petites dimensions.

Les plantes d'intérieur complètent remarquablement la décoration d'une pièce, apportent fraîcheur et charme, et, de plus, ont l'avantage de ne pas être coûteuses. Par conséquent, quand on commence à décorer la maison, on peut les utiliser pour décorer les espaces libres, et on pourra les remplacer par les éléments que l'on jugera opportuns. Une abondance de plantes est très suggestive dans un vaste espace bien éclairé par la lumière du jour et un éclairage indirect.

La lumière, justement, est un élément indispensable aux plantes et on devra choisir leur place, selon la quantité et

◄ On peut créer des ambiances délicates et romantiques en associant avec bonheur divers bouquets de fleurs disposés dans des vases colorés de style art déco.

▲ *Sur la grande illustration, un trompe-l'œil imitant des motifs végétaux a servi à habiller un plafond sans caractère. Un autre trompe-l'œil sur toile, tapissé à l'anglaise, représentant un paysage classique apporte une touche d'élégance. La petite illustration montre, sur le rebord de la fenêtre, un petit bouquet de fleurs qui contraste avec l'élégance vieillotte de la peinture décorative.*

l'intensité de la lumière dont elles ont besoin. S'il n'y a pas d'éclairage naturel dans la pièce, on peut utiliser la lumière artificielle qui avec des procédés adéquats peut même être bénéfique à la plante.

Comme pour les autres éléments décoratifs, il faut se rappeler que quelques plantes

▶ *Pour protéger les plantes des rayons du soleil, on a installé diverses persiennes qui tamisent la lumière. Des lampes en fibres naturelles originales donnent une touche intimiste à ce recoin de la terrasse.*

▶ *Les trompe-l'œil sont une excellente solution décorative, surtout dans des espaces qui ont besoin d'un impact visuel. Dans un coin du rez-de-chaussée, on a réalisé une peinture murale qui rappelle les ambiances coloniales. Pour accentuer la sensation de profondeur on a reproduit une grille en mouvement.*

▲ *Si dans une maison il n'est pas possible d'avoir des plantes d'intérieur, on peut décorer n'importe quel espace avec un vase de verre contenant des bouquets de couleurs vives qui contrastent avec la décoration générale de la maison.*

bien sélectionnées et dont on aura soigneusement choisi la couleur peuvent donner un meilleur résultat décoratif qu'un grand nombre de plantes qui envahissent pratiquement la demeure ou une des pièces, et produiront un effet contraire à celui recherché.

▶ *Une chambre peut être envahie de fleurs grâce à une couette printanière nordique qui contraste avec la sobriété de la décoration.*

Tables au salon

Si le salon occupe une pièce entière, ou si l'on a dû aménager la salle de séjour dans la même pièce que la salle à manger par manque de place, l'espace formé par les canapés, les sièges et la table centrale sera toujours un lieu où se déroulent diverses activités, prendre un café en famille, recevoir des visiteurs, se détendre en lisant. Pour exercer confortablement ces activités, il convient d'aménager plusieurs espaces, qui de plus, permettront d'exposer divers objets décoratifs qui conféreront à chacun l'aspect et la personnalité désirés.

▶ *Il existe de nombreuses alternatives pour remplacer une petite table centrale. L'une des plus communes est de se servir d'une malle ancienne qui crée une certaine atmosphère désinvolte. Pour donner de la chaleur à la pièce, on dispose un tapis végétal bordé d'une lisière de coton.*

▲ *Les meubles de cette salle ont été placés près des murs pour dégager une grande aire de circulation. Un tapis persan, un petit guéridon et un fauteuil en acajou forment le centre de ce salon dépouillé et transparent – le style est clairement celui des années 30.*

▶ *Un grand salon a été divisé en trois zones indépendantes où l'on peut effectuer diverses tâches qui justifient la présence des tables : près d'une fenêtre, un petit guéridon peut servir pour prendre un léger rafraîchissement. La table carrelée peinte en vert-de-gris marque l'espace réservé à la conversation. Au fond, une table de salle à manger en fer forgé et au plateau de verre complète l'ensemble.*

◀ *Si l'on dispose de peu
d'espace, l'idéal sera de
choisir pour la salle à manger
une table au plateau de verre
transparent pour créer une
sensation d'espace.*

fonction de ces tables soit de
créer divers espaces dans le
salon, elles pourront aussi servir
à poser les différents objets
nécessaires au déroulement des
activités qui s'y exercent :
cendriers, vases, bouteilles
ou livres.

Les tables gigognes se
composent d'ordinaire d'un
ensemble de trois petites tables
de hauteur différente qui
s'emboîtent les unes sous les
autres. Ainsi emboîtées, elles
occupent très peu de place et,
au gré des besoins, permettent
de disposer de trois surfaces
d'appui. Elles sont déjà en elles-
mêmes un élément décoratif, car
elles présentent des tons et des
styles très attrayants, mais sont
aussi très commodes pour poser
le téléphone, par exemple à côté
d'un des fauteuils.

Les petites tables carrées,
appelées encoignures, peuvent
se placer dans l'angle que
forment deux canapés. On
pourra y poser une lampe de
chevet pour la lecture ou un
objet décoratif, mais il convient
qu'elles ne dépassent pas en
hauteur le bras des canapés et
que leur style reprenne celui de
la table centrale.

Puisque le téléviseur est un
élément qui, de nos jours, joue
un rôle très important dans cette
pièce, il est conseillé de lui
réserver un meuble ou une table.
Les petits chariots à roulettes
sont bien commodes puisqu'ils
permettent de varier facilement la
position de l'appareil que l'on
pourra ainsi regarder sans problèmes de n'importe quel point
de la salle, ou pour le diriger vers
le coin salle à manger, si l'on
désire regarder la télévision en
mangeant. Actuellement, ces
chariots sont à plusieurs niveaux
pour recevoir aussi le
magnétoscope et comportent
des tiroirs pour les cassettes.

Enfin, si l'on désire créer des
espaces différents et plus

L'époque où une grande table
occupait pratiquement tout le
salon ou la salle de séjour est
révolue. Le manque d'espace et
les préférences personnelles
favorisent l'usage de petites
tables. Il faut cependant une

zone centrale qui serve de point
de référence, avec, tout autour,
canapés et sièges. La forme de
ces tables peut être très variée :
elles peuvent être à deux
niveaux, ce qui sera plus
pratique pour ranger journaux,

revues, agendas ou télécom-
mandes, en laissant libre la partie
supérieure. Les tables rondes
conviendront mieux à de petits
espaces, ainsi que les tables
basses munies de tiroirs dans la
partie inférieure. Bien que la

▲ Un banc tapissé et capitonné a été transformé en table basse improvisée, munie de roulettes qui facilitent son déplacement. Près du mur, une lampe avec un abat-jour plissé repose sur un guéridon.

singuliers, on peut remplacer la table centrale par une malle ancienne, qui, de plus, fournira un rangement supplémentaire, ou disposer de petites tables en rotin qui donneront à la pièce un aspect plus exotique et original.

▶ Au moment de choisir le nombre de petites tables nécessaires à la pièce, il faut penser d'abord à leur utilité. Dans un espace situé entre la porte et le piano, une petite table de style nordique, décapée, sert à ranger des partitions, éclairées par une lampe de table. A côté des fauteuils recouverts de coton blanc, un autre guéridon accueille des livres, et une malle ancienne sert de table basse.

Éclairage intérieur

Chaque espace de la maison requiert un type d'éclairage différent. Pour le choisir il faut s'en tenir à des critères esthétiques et fonctionnels. Si l'on contrôle bien l'éclairage de la maison, on pourra moduler à plaisir les espaces.

Dans un intérieur, il faut associer trois types d'éclairage complémentaires. Un lampadaire fournit la lumière d'ambiance ainsi que l'éclairage minimum indispensable. Dans le salon, deux lampes dont le faisceau éclaire des surfaces précises, par exemple pour la lecture ou la couture, suffisent au niveau pratique tout en créant un climat fort accueillant.

Les entrées et les couloirs sont des zones de passage où ne se déroulent en aucun cas des activités qui requièrent une

attention précise. Une source de lumière indirecte suffira donc à les éclairer. Spots ou appliques seront de mise car ils sont peu encombrants et par conséquent ne gênent pas le passage. Il est conseillé d'éviter lampes et lampadaires.

Dans la chambre, il faut atteindre trois objectifs : allumer et éteindre la lumière à partir du lit, pourvoir un éclairage suffisant pour la lecture et diffuser une lumière d'ambiance reposante. Pour cela, les interrupteurs doivent être situés à la tête du lit et à côté de la porte et être synchronisés. La lumière d'ambiance doit provenir d'un écran et d'une ampoule incandescente pour être chaude. La lampe de lecture doit être puissante, bien orientée et munie d'un bras articulé.

▲ *Choisir le type d'éclairage le mieux approprié à chaque espace contribue à créer des atmosphères chaudes et accueillantes. Deux appliques de bronze avec écran plissé éclairent la tablette de la cheminée, diffusant la lumière sur les objets environnants.*

◄ *Les chambres nécessitent un éclairage direct accueillant situé près de la tête de lit. Une paire d'appliques flexibles de chaque côté du lit projettent un faisceau descendant idéal pour la lecture.*

▶ *Pour éclairer le couloir, il est conseillé de fixer des appliques sur le mur ou d'encastrer dans le fond des spots dont le faisceau sera dirigé vers le sol. Deux appliques à écran plissé diffusent dans le couloir une lumière tamisée, créant ainsi des effets décoratifs de lumière et d'ombre, soulignant corniches et moulures.*

La cuisine est une des pièces qui doit être le mieux éclairée : on y mange, on y travaille, on y lit, on y repasse… Une source de lumière située en hauteur s'impose, qu'il s'agisse d'une suspension ou d'une lampe fluorescente (qui a l'avantage d'émettre une lumière intense). Il faudra également éclairer les plans de travail et pour cela il convient de placer des réglettes sous les éléments hauts. En l'absence de réglettes, il faudra installer des spots orientables au centre du plafond ou sur les murs (à environ 1,70 m du sol). S'il y a un coin salle à manger, il faudra placer, au-dessus du centre de la table, une suspension, si possible à hauteur réglable.

Dans la salle à manger, l'éclairage doit être centré sur la table. Le meilleur choix sera une suspension centrale qui projette la lumière vers le bas et éclaire toute la surface de la pièce. La lampe ne doit pas être à plus de 90 centimètres de la table. L'avantage d'une lampe équipée d'un variateur d'intensité est de pouvoir créer l'ambiance qui convient à chaque occasion.

Dans le bureau, il faut tenir compte du bien-être et de la capacité de concentration de l'usager. Il faut choisir une lampe spécialement conçue pour la lecture. Ceci veut dire qu'elle doit avoir un bon faisceau lumineux et être orientable. Il faut la placer à gauche de l'usager pour éviter

▲ Dans une cuisine, il faut disposer de divers points d'éclairage pour les diverses zones de travail et de cuisson ainsi que les points d'eau. Au-dessus d'une table, on a placé une suspension qui éclaire l'office. Sur le placard repose une jolie lampe qui tamise la lumière dans un coin toujours obscur et au-dessus du plan de cuisson un spot puissant complète l'éclairage de la cuisine.

◄ Ce sont les suspensions qui sont le plus souvent choisies pour le coin salle à manger. Bien qu'elles diffusent une lumière intense, elles laissent certaines zones dans la pénombre, c'est pourquoi il convient de leur substituer d'autres types d'éclairage. Une lampe de famille, de gouttes de cristal, a été installée dans ce coin, éclairé de surcroît par la lumière tamisée qui pénètre par les baies vitrées.

▼ Dans les chambres il faut associer éclairage central et lampes orientables qui facilitent la lecture. On place habituellement ces lampes à la tête du lit.

qu'elle fasse de l'ombre quand il écrit. Pour ne pas éblouir, l'ampoule doit être cachée par l'abat-jour jusqu'au-dessous de la hauteur des yeux. Les meilleures lampes sont celles à incandescence car elles sont chaudes et reposantes, ou bien les lampes halogènes qui ne déforment pas les couleurs.

▶ *Pour éclairer certains coins de la cuisine, comme par exemple l'espace central que montre l'illustration, il est conseillé d'installer des réglettes qui orientent la lumière vers le bas et fournissent un éclairage ponctuel, en évitant d'éblouir.*

▼ *Dans un recoin d'une mansarde, on a installé une suspension dont les lampes en forme de bougies émettent des tintements, et créent une atmosphère accueillante. Une fenêtre qui laisse entrer la lumière du jour, ainsi que des bougies allumées complètent l'éclairage.*

LISTE DES ARCHITECTES DÉCORATEURS ET AUTRES PROFESSIONNELS QUI ONT CRÉÉ LES INTÉRIEURS PRÉSENTÉS DANS CE VOLUME

Arco Editorial remercie tous les architectes, décorateurs, architectes d'intérieurs et sculpteurs, et tous les habitants des demeures qui figurent dans ce volume, de nous avoir ouvert leurs portes pour photographier leur travail et leur intimité, ainsi que Hierba Monesal pour sa collaboration dans la cession d'éléments textiles.